1900-2000
Centenario
GRUPO
df

GRUPO DURO FELGUERA, S.A.: Hitos Históricos

Una Sociedad cuyos orígenes se remontan a 1857...

con una actividad enfocada al sector de Bienes de Equipo

1857. Creación de la Sociedad Metalúrgica de Langreo por D. Pedro Duro Benito.

1900. Se constituye la Sociedad Metalúrgica Duro Felguera (SMDF).

1902. Inicia su cotización en la Bolsa de Valores.

1920. SMDF adquiere las minas de carbón Felgueroso Hnos. y se convierte en una importante Sociedad minero-metalúrgica.

1966. El patrimonio siderúrgico de SMDF se incorpora a UNINSA, posteriormente ENSIDESA-VERIÑA.

1967. El patrimonio minero de SMDF se incorpora a HUNOSA.

1968. Fortalecimiento de la actividad de bienes de equipo. Arranque del Taller de Calderería Pesada en Gijón.

1973. Creación del Taller de Construcciones Mecánicas (Barros - Langreo).

1991. Se consolida el proceso de filialización. SMDF se transforma en Grupo Duro Felguera (GDF).

1994. Reestructuración del Grupo. Concentración de las actividades en el sector de bienes de equipo.

1997. El Grupo alcanza unos niveles de ventas en el mercado internacional del 64% de su facturación total, lo que constituye un record en su historia.

2000. Centenario del Grupo Duro Felguera.

GRUPO DURO FELGUERA, S.A.: Gama de productos y servicios

	FABRICACIÓN	MINERÍA Y MANUTENCIÓN	ENERGÍA Y SERVICIOS	SIDERURGIA E INDUSTRIA	ALMACENAMIENTO
PRODUCTOS	-Calderas recuperación c/c -Calderines de vapor -Reactores -Columnas de destilación -Intercambiadores de calor -Tanques y esferas -Equipos para la industria química, energética -Grúas industriales -Areogeneradores -Molinos -Ventiladores -Construcciones metalmecánicas en general -Aparatos de vía de ferrocarril -Fundición de hierro y acero	-Equipos para minería de interior -Instalaciones llave en mano de pozos verticales -Sistemas para la minería a cielo abierto -Terminales marítimas para el manejo de graneles -Cargadores y descargadores de barcos -Sistemas de manejo de contenedores -Grúas de puerto -Grúas-puente de siderurgia e industria pesada -Sistemas de distribución física	-Construcción de centrales térmicas llave en mano -Montaje y mantenimiento metalmecánico -Montaje y mantenimiento de turbogeneradores y equipos auxiliares -Rehabilitación de centrales térmicas -Suministro e instalación de aislamiento térmico y acústico	-Diseño, ingeniería y suministro de plantas siderúrgicas, industriales y de proceso -Siderurgia integral -Acerías -Metalurgia secundaria -Coladas continuas -Trenes de laminación -Plantas de acero -Líneas de galvanizado -Líneas de decapado -Regeneración de ácidos -Líneas de tubo -Líneas de corte	-Tanques almacenammiento verticales y esféricos para todo tipo de productos y condiciones de presión y temperatura -Plantas de almacenamiento de hidrocarburos -Sistemas de enfriamiento y protección contra incendios -Tanques para almacenamiento criogénico -Plantas de regasificación
EMPRESAS	fcp felguera caldereria pesada, s.a. fcsp felguera caldereria pesada servicios, s.a. fcm felguera construcciones mecánicas, s.a. felguera melt, s.a.	felguera parques y minas, s.a. felguera gruas y almacenaje, s.a. tedesa técnicas de entibación, s.a. cryotec, s.a.	felguera montajes y mantenimiento, s.a. mompresa montajes de maquinaria de precisión, s.a. feresa felguera revestimientos, s.a.	SYM servicios y maquinaria duro felguera, s.a.	felguera-IHI, s.a.

EL *Hórreo* EN ASTURIAS

EL *Hórreo* EN ASTURIAS

Esperanza Ibáñez de Aldecoa

TREA

Colección Retrato de Asturias

Primera edición: junio, 1999

Con la colaboración de DURO FELGUERA

Donoso Cortés, 7, bajo
33204 Gijón (Principado de Asturias)
Tel.: 985 133 452. Fax: 985 131 182
Correo electrónico: trea@asturnet.es
Web: www1.asturnet.es/trea

Dirección editorial: Álvaro Díaz Huici
Producción: José Antonio Martín
Diseño general: Impreso Estudio
Maquetación: Paula Álvarez
Fotomecánica: Fotomecánica Principado, S. L.
Impresión: Gráficas Summa, S. A.
Encuadernación: Encuadernaciones Bilen, S. L.

Depósito legal: As.-1.279-1999
ISBN: 84-95178-33-8

Impreso en España – Printed in Spain

Índice

Presentación

Un pequeño pero concentrado estudio sobre los hórreos asturianos[1] ha servido de base para llevar a cabo un más amplio y detenido trabajo sobre la complejidad constructiva y variantes zonales de este tipo de graneros.

La singular relevancia que alcanza el hórreo en la vida de los pueblos, como elemento integrante de la casería y de la comunidad, en tierras asturianas, transmite a estas construcciones unas connotaciones que elevan a los hórreos a categoría de elemento social. Su trascendencia queda reflejada en el hecho particular de que no existiendo un único tipo de casa representativo de la comunidad asturiana, es el hórreo su construcción más representativa.

Un tema que nos parece de gran interés, que suscita todavía grandes controversias, se refiere a la evolución y búsqueda de antecedentes para este tipo de graneros. Hemos procurado, ante la documentación recogida, aportar nuestro punto de vista entendiendo que el hórreo asturiano deriva de las primitivas construcciones de madera, diseminadas por toda Europa, y se consolida en la zona de Villaviciosa, donde adquiere sus particularidades estructurales, como el granero que ha llegado a una mayor perfección técnica.

Entendimos que era de gran importancia contemplar y ampliar la información y por ello aparecen más de 270 fotografías a color, llevando a cabo un análisis sobre las particularidades del hórreo asturiano, señalando cuales son sus características constructivas más importantes al tiempo que se compara su estructura con la de otros graneros del mismo tipo existentes en la geografía peninsular.

Diversas ilustraciones gráficas aportan una mayor claridad sobre los elementos constructivos y su ensamblaje, y un detenido y documentado estudio sobre las variantes zonales aporta gran documentación fotográfica sobre los motivos decorativos y sus particularidades que van a cristalizar en los llamados estilos decorativos de «Villaviciosa», «Allande» y «Carreño».

No queríamos acabar este trabajo sin aportar algún tipo de información que nos diera idea de los hórreos que hay censados en Asturias, y cuales merecen un tratamiento especial, máxime cuando ya en 1973 se publicó el Decreto 449 de 22 de febrero por el que se colocaban bajo la protección del Estado los «hórreos» o «cabazos» antiguos existentes en Asturias y Galicia; y en 1985 se aprueba la Ley de Patrimonio que da amplia cobertura a los elementos de interés etnográfico. Pues bien, ante nuestro asombro sólo hemos podido manejar los datos aportados por dos censos que recoge Efrén García Fernández,[2] realizados al tiempo para las Delegaciones Provinciales de los Ministerios de Educación y Ciencia, e Información y Turismo. Iniciados en 1972, están incompletos faltando algunos concejos, y la información complementaria que aportan no es de fiar, pero en cualquier caso, sirven de punto de referencia para los estudios posteriores que se quieran realizar.

Es nuestra intención que el interés por este tipo de construcciones cristalice en la conservación y mantenimiento *in situ* de aquellos ejemplares más relevantes, y se les conceda la atención que todo elemento cultural merece.

[1] IBÁÑEZ DE ALDECOA, E.: *El hórreo asturiano.* Ediciones Trea, 1997.

[2] GARCÍA FERNÁNDEZ, E.: *Hórreos, paneras y cabazos asturianos.* Caja de Ahorros de Asturias, 1979.

Introducción

Asturias es una región aparentemente uniforme, y si bien a grandes rasgos así podríamos entenderla, un análisis más detenido nos irá desglosando sus particularidades.

Como región, disfruta de una situación geográfica que ha servido de puente entre culturas diferentes (comunicando el interior peninsular con la Europa del norte por medio del comercio marítimo, relacionando el este y el oeste peninsular y poniendo en contacto la cultura mediterránea y la atlántica). A ello uniremos su quebrada geografía, con grandes sierras paralelas a la costa, que la dividen en tres franjas: la litoral, la prelitoral y la interior o de montaña, y profundos valles perpendiculares que podemos decir la desglosa en tres sectores: occidental, central y oriental. Rasgos particulares en sus condiciones geológicas, geográficas, climáticas, etc., han repercutido en la vida de los asturianos, consolidando pequeñas diferencias en los hábitos culturales de unas zonas y otras.

Hórreo y torre medieval en Bandujo, Proaza. Paisaje del Macizo Occidental de los Picos desde Robledo, Piloña.

A la izquierda: **Carboniella, Valdés y Pasarón, Villanueva de Oscos.**

Debajo: **San Cristóbal, Villanueva de Oscos.**

Tanto las diferencias geológicas, geográficas y de clima, como las culturales serán, en su momento, responsables de los distintos materiales y modos de construcción, así como de la variedad de elementos decorativos.

Sobre estas líneas: **elemento decorativo en una colondra de hórreo en Brañallana, Tineo.**

La casa de Florencio en Cerredo, Degaña, es quizá uno de los conjuntos de arquitectura popular más interesante de dicho concejo.

En la siguiente página, **hórreo y casería en Longrey, Valdés.**

Esta diversidad, que se hace patente en la no existencia de un prototipo de vivienda común a toda la región asturiana, se ve de repente interrumpida por la aparición de una construcción dedicada a granero-almacén que recorre casi al completo toda su extensión, y que constituye uno de los tipos arquitectónicos con más personalidad de toda la geografía europea.

Es a este granero-almacén, llamado *hórreo*, al que vamos a acercarnos con mayor profundidad descubriendo las diferencias puntuales que se manifiestan según sean hórreos del oriente, centro u occidente; indagaremos en sus orígenes, plantearemos su sistema constructivo y daremos un pequeño paseo por sus sorprendentes y bellas decoraciones.

El hórreo asturiano

Sobre estas líneas: **vista de la Cordillera Cantábrica desde San Vicente, Piloña.**

A la derecha: **pegollo, muela y trabe del hórreo del Palacio de Alea, Ribadesella.**

Según el Diccionario de la Real Academia, *hórreo* es un «edificio de madera a cuatro aguas (en algún caso a dos), aislado, y sostenido en el aire por cuatro pilares o más, en el cual se guardan granos y otros productos agrícolas».[1]

Veremos que, si bien con variaciones, este tipo de construcciones se ha extendido por toda la cornisa cantábrica, hoy día sólo aparecen en Galicia, Asturias y, esporádicamente, en el noroeste de León, constituyendo dos grupos perfectamente definidos con, a su vez, variantes locales.

Nuestro interés se centra en el hórreo asturiano, el que ha conseguido identificarse como prototipo de construcción de madera para almacén más elaborado y mejor aprovechado de todos los existentes en el panorama europeo.

Las primeras descripciones serias que tenemos se deben a Jovellanos,[2] quien destacó en pocas frases las «virtudes» de dicha construcción, que «suponen la reunión de muchos conocimientos», y que son:

– Resistencia al tiempo «pues no sólo promete durar por las piedras, sino también por los siglos».

– Movilidad y fácil transporte, por ser enteramente de madera y sencillo de desmontar, al no utilizar el hierro.

– Ausencia de humedad interior. Adecuada ventilación «en todos los sentidos, esto es, en lo alto y en lo bajo, y a todos los cuatro vientos, es claro que jamás pueda entrar en ellos corrupción alguna» que altere la preservación del grano y los frutos almacenados.

– Y por último, la virtud de ser inaccesible a los voraces roedores.

Varias son las características tipológicas que diferencian al hórreo asturiano de los restantes tipos de hórreos peninsulares y europeos, con los que apenas mantiene en común el estar elevados sobre pilotes y el ser de madera.

Tres son las características esenciales de los hórreos asturianos: planta cuadrada; caja formada por tablones verticales engarzados en dos cuadros de vigas; cubierta a cuatro aguas, de forma piramidal.

Ello contrasta con las características de los hórreos europeos: planta rectangular; caja formada por troncos o tablones horizontales; techumbre a dos aguas, con caballete perpendicular al eje mayor de la planta.

La complejidad del hórreo asturiano muestra una mayor coherencia en toda su estructura. La búsqueda de la planta cuadrada y la dificultad que supone la cubierta a cuatro aguas responden al conocimiento de ser ésta la mejor solución al sistema de fuerzas que se establece entre el techo, las paredes y los pies del hórreo.

El hórreo como elemento integrante en la casería

La casería asturiana responde a una forma de unidad familiar en la que se integran todos sus componentes en una relación íntimamente ligada a la productividad de sus posesiones.

Aparte de la vivienda, el campesino ha precisado de otras construcciones complementarias para cubrir las necesidades creadas por su modo de vida y, aunque todas cumplen un papel importante en las actividades agropecuarias, destaca el hórreo, como corresponde a una región que ha permanecido hasta las primeras décadas de este siglo ligada a una economía de subsistencia. Ello implicaba la dependencia directa de la tierra y sus animales y, por ello, era de vital importancia un medio adecuado para la salvaguarda de los productos recolectados y el mantenimiento del resto de los alimentos. Un clima especialmente húmedo y un medio propicio a la abundancia de alimañas pueden malograr la cosecha de todo el año y traer unas consecuencias desastrosas para la familia. De aquí la importancia para la supervivencia de la casería que ha tenido este tipo de construcción.

Ahora bien, su relación con el hórreo ha llegado a ser tan directa por la multiplici-

Casería de la costa occidental. Tornaaguas de hórreo en Collado de Andrín, Cangas de Onís. Hórreo beyusco. San Ignacio, Ponga.

Bajo el hórreo se han almacenado toda suerte de enseres, se ha guardado ganado, se han fabricado todo tipo de aperos, incluso se han impartido las primeras clases en nuestros pueblos y aldeas.

Almacén de aperos y materiales construcción en Cirieño, Amieva. Antiguo taller de madreñero en Llorío, Laviana.

En la página siguiente: ***fabes secando y piñas en los hórreos de Malleza (Salas), y Berrugas (Villayón). Arco de acceso al hórreo. Brieves, Valdés. Panera sobre la casa. La Mortera, Valdés. Casa con paso de acceso al hórreo y tejado común. Tuña, Tineo. Hórreo a modo de arco sobre el camino. Sietes, Villaviciosa.***

dad de sus funciones, siendo así que, en muchos casos, se le puede considerar como un espacio más de la propia vivienda.

Además de guardar y preservar los frutos de las cosechas, ha servido para conservar los productos cárnicos, como jamones, chorizos, cecina etc., y también los lácteos, en especial los quesos. Incluso, en las paneras del occidente, se sustituyeron los cestos en que se guardaba el grano, –las *goxas* o *maconas*– por unas arcas fijas, sin tapa, llamadas *tuñas*. De las barandillas de sus corredores o de los *gavitos* (especie de perchas de madera) cuelgan las ristras o haces de maíz, *fabes*, cebollas etc., y en la *talamera* (viga que corre por delante de la puerta a modo de escalón) era corriente colocar los *truébanos* o colmenares de las abejas.

Pero no terminan aquí sus funciones. El hórreo, en su amplitud, ha servido, además, para secar la ropa, para guardar el arcón con la ropa fuera de uso, y no ha sido rara la existencia de una cama que hiciera del hórreo un dormitorio ocasional o permanente.[3]

El espacio inferior se ha dedicado también a múltiples usos. Se ha usado como leñera, almacén de aperos de labranza, se ha guardado el carro, ha cobijado el molino de rabilar e, incluso, ha resguardado un pequeño habitáculo para el ganado porcino. También ha servido de taller.[4]

En otras ocasiones, y buscando un mayor aprovechamiento del espacio, se ha levantado sobre otras edificaciones, generalmente una cuadra para ganado mayor (a veces, edificios de dos pisos: cuadra y vivienda), quedando el espacio entre ambas construcciones, el *camaranchón* o *camarachón*, para cobijar aperos de labranza y secar legumbres.[5]

Habremos de tener en cuenta, además, que la relación del hórreo con la casería también depende de su ubicación, estando ésta sujeta a numerosos factores, como es la distancia entre ambas construcciones.

El emplazamiento del hórreo suele estar ligado al tipo de asentamiento de cada núcleo.

Cuando el asentamiento es de viviendas más a menos reunidas o concentradas en

Distintos productos del campo asturiano colgados a secar en los hórreos de Proazina (Proaza), Villamayor (Piloña) y Cobiella (Parres).

un punto, los hórreos suelen ubicarse en la plaza, bien formando hilera, o de forma más o menos aleatoria, adaptándose, en la mayoría de los casos, a la topografía y red de comunicaciones. Ello es posible debido a la consideración jurídica del hórreo como bien mueble, es decir, que puede ocupar un espacio público sin establecer pertenencia jurídica sobre el mismo. En estos casos, la relación entre hórreo y vivienda es menos estrecha, guardando mejor la apariencia de ser exclusivamente un lugar de almacenamiento y secado de los productos alimenticios y siendo frecuente la compartimentación del granero entre dos o más vecinos. Esta división interior se realizaba a base de paneles de varas de castaño entretejidas o a base de tablillas, reflejándose las divisiones en dos o más puertas de entrada al hórreo o panera.

Por contra, en los asentamientos dispersos, en los que un espacio privado rodea a la vivienda, el hórreo suele aparecer aislado y en una muy estrecha relación con la casa. Una muestra específica de esta relación son algunos ejemplos de los concejos de Salas, Tineo y Luarca, en los que existe un mayor compromiso entre ambas construcciones al superponerse el hórreo a la vivienda y comunicarse por una escalera interior.

NOTAS

[1] Diccionario de la Lengua Española, Real Academia Española, 1970.

[2] DE JOVELLANOS, G. M.: *Diarios* (26 de Julio de 1792). IDEA, Oviedo, 1953.

[3] CABAL, CONSTANTINO: *Las costumbres asturianas, su significación y sus orígenes*, Madrid, 1931, p.72:

«Hoy se guarda en el hórreo la cosecha, el embutido, el tocino [...] en él se extienden las frutas; se suspenden los jamones; se juntan los sacos de habas [...] Un tosco cantarcillo dice así, en previsor consejo aldeaniego:

Mi niña, si vas al horru, / del tocino parte poco; / doce meses tien el añu, / semanes cuarenta y ocho.

Hay quien hace en el hórreo su vivienda, y en los lugares arcaicos, en el hórreo conservan las mocitas espejo y escarpidor, y en él guardan los lujos... y los quesos. El detalle de los quesos lo recuerda un cantar de esta manera:

Regaleite con un queixu / en señal de matrimoniu; / el matrimoniu foi nulu, / vólvase el mieu queixu al horriu.»

[4] BELLMUNT Y CANELLA: *Asturias*, tomo III, Gijón, 1894-1900, p. 22.

«El interior de aquél [se refiere al hórreo] no está generalmente dividido en compartimentos, cual sucede con las paneras u orros, de seis o más pegollos, propias de caseríos de más importancia, acusando mayor desahogo de sus llevaderos; y en caprichoso desorden se distribuyen por aquel interior el maíz en grano, panoyes o en riestres, el trigo y la escanda, les fabes, castañas, y más frutas, allí bien conservados y preservados de la humedad; y de las vigas o cruces, que sostienen la cubrición, penden de cuerdas y garfios ropas, macones, paxos, cestos de todas clases, herramientas y aperos, etc. No pocas veces también el orro o panera pertenece o lo "llevan" una o varias familias, así como también sirve de dormitorio o suplemento sano y ventilado a las casas. Tanto los orros como paneras presentan encantador aspecto, cuando de los gavitos, por debajo del alero cubren las colondres a manera de rústicos tapices, doradas riestras de maíz con objeto de curarle y orearle; y son siempre construcciones curiosas, si muchas de vetusto aspecto en el resto del año, no pocas lujosas con singulares adornos de talla, pinturas vistosas en los lienzos y en los corredores alrededor, cuyo espacio asimismo se dedica a orear y secar producciones de determinadas épocas. Debajo del hórreo se coloca también el carro como en ocasiones ciertos preseos y artefactos, bien que también ahora se cierra a veces dicho espacio por más abajo de las pegolleras, lográndose un departamento de aplicación varía.»

[5] TORRES BALBAS, L.: *La vivienda popular en España*, Barcelona, 1946:

«Bajo el hórreo guarda el aldeano su carro arcaico y algunos aperos de labranza. A veces la parte baja está cerrada con un muro de poca altura, y de este modo se obtiene un nuevo departamento para el ganado y otras necesidades. A veces las paredes entre los pegollos cierran la parte baja del hórreo, resultando así un edificio de un solo piso. En los lugares de Boal se asientan los pegollos encima de un cuadro de paredes, utilizado generalmente como bodega.

Los hórreos de oriente se diferencian de los de occidente en que éstos, por lo general, se levantan sobre locales que suelen destinarse a guardar ganado, y en que los pegollos están construidos con lajas muy delgadas, por lo cual presentan un aspecto menos armónico que aquéllos.

En diferentes partes de Asturias se colocan los hórreos de un modo original sobre los tejados de otros edificios.»

Los primitivos graneros de la cornisa cantábrica

El hórreo, como tipo de construcción dedicada a almacén y secadero de aperos y víveres, representa una edificación muy elaborada, cuyas raíces entroncan con algún modelo muy elemental de granero dedicado a estos menesteres.

Se viene entendiendo que con las invasiones habidas hacia el año 2000 a. de C. en el noroeste peninsular, y promovidas por las novedades habidas en técnicas de recolección y agricultura, llegaron determinados tipos de construcciones sobre pilotes que servían para almacenar los frutos y los granos.

Ahora bien, el camino recorrido por esta construcción está todavía por dilucidar, y sólo a grandes rasgos podemos dibujar su aparición.[6]

Si bien en un principio las primeras teorías alentaron un origen romano, otros plantearon teorías formalistas que veían al hórreo

Hórreo con paredes de varas entretejidas. Lago, Parres.

En la página siguiente: **maniega de blima sobre las colondras. Antiguo cabeceiro en Ferbenza, San Juan de Camba (Lugo).**

como una reminiscencia de las construcciones palafíticas. La primera teoría quedó en desuso en el momento en que estudios específicos se llevaron a cabo, y como respuesta a la segunda, se ha considerado que el estar suspendido sobre postes responde más a razones funcionales y de adaptación al medio físico que a una herencia formal[7]. Actualmente, dos son las teorías que se plantean a partir de este punto: unos autores hacen derivar todo tipo de construcciones de madera, todo tipo de hórreos, de las construcciones más elementales de varas entretejidas.

Es difícil probar la existencia del *cabaceiro* (pequeña construcción de varas entretejidas) dentro de la cultura castreña. No obstante la presencia de estas construcciones en Galicia y norte de Portugal, las alusiones hechas por L. A. de Carvallo[8] y por Francowski[9] de su existencia en Asturias, nos demuestran que son y eran una forma muy arcaica y elemental de granero, reminiscencia de aquéllos existentes en culturas anteriores a la romanización. Como contrapartida, se puede objetar que este hecho

Hórreo con tornaaguas de varas de castaño entretejidas. Llerandi, Parres.

En la página siguiente: **conjunto de hórreos con tejado a doble vertiente. Viboli, Ponga.**

no nos obliga directamente a hacer derivar al hórreo tal y como hoy lo conocemos de este tipo de construcciones.

Los autores partidarios de esta teoría entienden que la búsqueda de una mayor capacidad interior y, por consiguiente, la utilización de un material más resistente, capaz de soportar el mayor peso almacenado, supuso la evolución del granero-cesto circular hacia formas angulares; este proceso evolutivo ha sido atribuido por algunos autores a la influencia de la romanización, que habría sustituido la técnica de la cestería por la de la carpintería.

Krüger afirma que el hórreo de madera evolucionó a partir del granero cesto circular.[10]

Una segunda teoría defiende que ya en los primeros tiempos se distinguen dos tipos de construcciones: las edificaciones de maderamen, que serían predecesoras de los actuales hórreos, *garaitxes*, *espigueiros*, etc., y, por otro lado, las construcciones de entretejido vegetal, que darían lugar a los canastos o banastas que aún se pueden contemplar en Portugal y Galicia y, al parecer, frecuentes en el occidente Asturiano hasta ser sustituidos, recientemente, por los hórreos actuales.[11]

El caso particular que encontramos en el límite entre Asturias y Lugo es probablemente un híbrido entre los *cabaceiros* y los hórreos ya importados del oriente. Son estas construcciones de planta cuadrada y mayores dimensiones, con la particularidad de que sus paredes están formadas por una especie de trenza, de paja entretejida, que parece, equivocadamente, querer definir el paso entre la forma circular y la cuadrada.[12]

Es decir, entendemos que en los siglos XII-XIII existían unos graneros tipo canasto o *cabaceiro* (nombrados por Carvallo en 1695) en la zona del occidente asturiano y en Galicia, al tiempo que modelos de maderamen similares a los restos santanderinos y vascos (modelo europeo, casa de tablas horizontales y tejado a dos vertientes), serían frecuentes en el resto de Asturias y en la zona oriental de la cornisa cantábrica.

Se supone que hacia los siglos XIII-XIV aparecen los hórreos del tipo asturiano más antiguos, aunque fechados actualmente sólo existen desde el XIV.

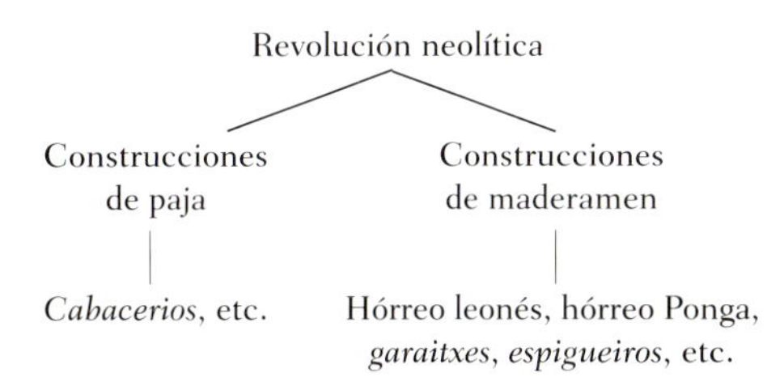

NOTAS

[6] GÓMEZ-TABANERA, J. M.: *De la prehistoria del hórreo astur*, BIDEA n.º 80, Oviedo, 1973.

[7] LLANO Y ROZA DE AMPUDIA, A.: *El Libro de Caravia*, Oviedo, 1919 reed., IDEA, 1982, pp. 22-23:

«Jovellanos opina "que los hórreos son de origen remotísimo; que los romanos [...]los prefirieron para Asturias, donde primero los hallaron y les dieron la perfección que hoy tienen". [J. Somoza: *Gijón en la Historia General de Asturias*, tomo I, 1908, p. 183.]

Aramburu dice que "nuestro hórreo trasciende a habitación lacustre [...] que hay un hecho incontestable para creer que lo fue: el hecho de haberse encontrado, al explotar algunas turberas para combustible, gruesos pilotes fuertemente clavados en ellas, armas de sílex y otros objetos que comprueban la existencia de estaciones lacustres". [F. Aramburu y Zuloaga: *Monografía de Asturias*, Oviedo, 1899, pp. 94-95.]

Es lástima que Aramburu no haya señalado el punto donde se hallan aquellas turberas, porque podían ser objeto de un estudio encaminado a averiguar la existencia de ciudades lacustres en Asturias.

[...] Bien puede ser que el hórreo "trascienda a habitación lacustre" y haya sido importado a esta región. Constantino Cabal dice "que los hórreos de Roma se levantaban sobre columnas...que se alzaban independientemente de sus viviendas y servían para guardar los cereales, e *infra horreum*, según Columela, se guardaban herramientas de vaqueros [...] y que parece, pues, hay razón para afirmar que los hórreos asturianos tienen su origen en Roma".» [C.Cabal: *Covadonga*, Madrid, 1918, pp. 203 y 210.

[8] FRANKOWSKI, E.: *Hórreos y Palafitos de la Península Ibérica*, Madrid, 1918, reimpresión de J. Gómez-Tabanera, Istmo, 1986, p. 32:

«En este trabajo encontrará el lector una probable solución del problema sobre a quién se debe atribuir la idea de construir los graneros sobre estacas, y qué lugar ocupan ellos en la evolución de las construcciones populares. Este asunto sólo puede verse claro después de pasar revista a los palafitos del mundo entero y teniendo en cuenta los datos que consignamos respecto a su muy probable existencia en la Península Ibérica en tiempos remotos.

Si en este trabajo no he podido presentar todas las pruebas de la supuesta relación de estos hórreos con la primitiva construcción palafítica, es únicamente debido a que para ello sería preciso ejecutar numerosas exploraciones en distintas regiones de la Península Ibérica, trabajos que exigirían más tiempo y mayores dispendios de los que nosotros hemos podido dedicar a este trabajo, y además a la falta de bibliografía, imposible de proporcionar en las actuales circunstancias.»

[8] CARVALLO, L. A.: *Las antigüedades y cosas memorables del Principado de Asturias*, 1695.

«Vsase aun en Asturias esta manera de texido, pues vemos algunos graneros, que llaman orrios,, hechos de barretones texidos con varas, tan fiormes y saeguras, que aunque, están encima de quatro palos, expuestos a los ayres,, y tempestades, y cargados de pan, y otras cosas, lo sufren todo sin hazer vicio.»

[9] FRANKOWSKI, E.: obra citada, p. 47:

«Fuera de los hórreos existen en esta provincia muy interesantes cabañas redondas, entretejidas de varas de avellano, puestas algunas veces sobre pequeños pilares, y están cubiertas generalmente de paja (Villar de Bergame).

Estas cabañas, a mi parecer, son un interesante resto de primitiva construcción, cuyos mayores ejemplares se encuentran en Galicia y Portugal, y cosa parecida puede admirarse en las cercanías de la Laguna de la Janda en las viviendas de pobres pastores de esta comarca».

[10] KRÜGER, F.: *Las Brañas. Contribución a la historia de las construcciones circulares en la zona galaico-astur-portuguesa*, BIDEA n.º 7, Oviedo, 1949, pp. 66:

«Sabido es que en las comarcas del Norte y Noroeste de la Península Ibérica donde se cultiva el maíz, desde el País Vasco a lo largo de los montes Cántabros, Asturias y Galicia y penetrando bastante por el Norte de Portugal, aparecen unos graneros muy peculiares (en español : hórreos) construidos sobre columnas, los cuales según su fábrica, forma y denominación, ofrecen una enorme variedad no abarcada totalmente hasta el presente por la investigación. Una de las formas más primitivas de estos graneros puede verse en los cestos-graneros de varas entretejidas, con forma cilíndrica, y protegidos por una cubierta cónica de paja.»

[11] BERENGUER ALONSO, M.: *Rutas de Asturias*, Oviedo, 1968, p. 35:

«Aunque en una primera impresión pudiera pensarse que el hórreo deriva del palafito, enseguida se descarta esta posibilidad porque el palafito nunca habría tenido aplicación en esta región de relieve tan múltiple y encrespado.

También al considerar alguna de las raíces posibles para la voz hórreo, se encuentra la palabra latina "horreum"; pero el sistema constructivo del edificio nada tiene de romano.

El hórreo puede ser una construcción que se derive de una muy antigua arquitectura leñosa, quizá nacida en los albores de una agricultura aún trashumante, ya que eran habitaciones fáciles de trasportar en carros, y muy bien defendidas en caso de ataques de las fieras.»

[12] Nos referimos a un hórreo que aparece fotografiado de San Martín de Poio (Pontevedra) en *Los hórreos asturianos. Tipologías y decoración*, por Florencio Cobo Arias, Miguel Cores Rambaud y Matilde Zarracina Valcarce. Consejería de Educación, Cultura y Deportes del Principado de Asturias, 1986, p. 14.

Graneros tipo hórreo en la geografía peninsular

El granero tipo hórreo no es exclusivo de la región asturiana, sino que, por el contrario, en toda la franja cantábrica (desde el norte de Portugal, Galicia, Asturias, norte de León, Palencia, Cantabria y País Vasco hasta la zona norte de Navarra), han utilizado uno o varios modelos de este tipo de construcciones aisladas del suelo y que en general conocemos por *hórreos*.[13]

Ahora bien, las grandes o pequeñas particularidades de cada zona son las que enriquecen el panorama cultural, son las que nos hablan de la adaptación al medio y del dominio del hombre sobre él, las que muestran la importancia que han tenido en la vida cotidiana de cada región este tipo de construcciones y cómo el hombre las ha modificado, las ha enriquecido y ha

Cabazos gallegos en Vila, Couso y Áspera.

dejado de usarlas cuando no las ha necesitado.[14]

En el País Vasco[15] y Navarra,[16] hoy día, se dan por practicamente desaparecidas. Mayor interés (para nosotros), que los hórreos de la zona navarra realizados en piedra, la tienen los *garaixes* vascos por estar realizados en madera. A diferencia del asturiano, el hórreo vasco tiene sólo dos vertientes, como el leonés y el cántabro, señalando con ello un estadio menos evolucionado que el primero. Ahora bien, curiosamente, y señalando las notas características que le diferencian del leonés y del cántabro, el hórreo vasco, al igual que la casería, tiene las dos aguas en el sentido de las dos vertientes penales, es decir, cubren los lados menores dejando a la intemperie los de mayor longitud, convirtiendo en superficies casi cuadradas cada alero, precisando un mayor

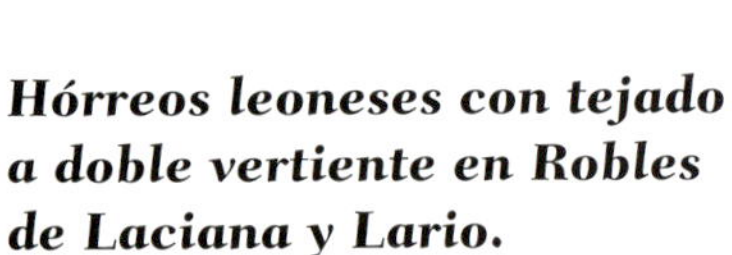

Hórreos leoneses con tejado a doble vertiente en Robles de Laciana y Lario.

Hórreo de cubierta vegetal en Sosas de Laciana, León.

En la página siguiente: **hórreo beyusco a dos aguas. Viego, Ponga.**

Conjunto de hórreos a dos aguas con vistas al macizo central de los Picos de Europa. Soto de Valdeón, León.

En la página siguiente: **cabazos tipo Mondoñedo y tipo Ribadeo en Cereigido (Vegadeo) y Figueras (Castropol).**

desarrollo en la longitud de las vigas y dando mayor sensación de inestabilidad. Ello quiere decir, que los huecos de entrada se abren en sus lados mayores.

Por contra, los hórreos leoneses[17] de la zona oriental (que también aparecen en la zona limítrofe asturiana), y aquéllos de los que hemos tenido noticia de la zona cántabra,[19] se cubren igualmente a dos aguas, pero, a diferencia del anterior, sus aleros cubren los lados de mayor desarrollo, dejando menos frente a la intemperie. En ellos, los huecos de entrada se abren en los lados menores. A su vez, estos hórreos presentan distintas particularidades, que señalaremos únicamente en la convivencia de los que muestran la tablazón de la caja dispuesta en horizontal y los que la muestran en vertical. Incluso entre los de caja horizontal, que normalmente tienen la tablazón encajada en esquinas verticales, hemos encontrado algún ejemplar que llevaba la tablazón lateral alternada, formando las esquinas una continuidad de vigas salientes en uno y otro sentido.

Comenta Julio Caro Baroja[19] que «el tipo del hórreo asturiano [...] se halla en el nordeste de León también, en el distrito de Murias de Paredes, en el ayuntamiento de Villablino y en el distrito de Riaño, así como en Puebla de Valdabia, Triollo, La Lastra y otros pueblos de Palencia lindantes con León. También lo hay en Santander, en los alrededores de la capital.

Diferénciase notablemente del hórreo gallego o de los hórreos gallegos, aunque en Galicia, en la zona lindante con Asturias, se encuentre, asimismo, este tipo. Los hórreos típicamente gallegos sólo sirven para guardar maíz, que se cura en el interior de la construcción, mientras que el hórreo asturiano sirve de despensa y granero, curándose el maíz en su exterior».

Galicia[20] extiende sus modelos hacia Portugal,[21] entre el Miño y el Duero, donde se les denomina *espigueiros*, pero éstos ya representan otra gran familia de hórreos cuyo parentesco con los asturianos es muy lejano.

Ahora bien, mientras Galicia y Asturias han afirmado estas construcciones, el resto de las regiones han visto desaparecer desde el siglo XVII este especial edificio, quedando pocos ejemplares en pie y escasas noticias escritas.

Por su parte, Galicia ha mantenido los *cabazos* (graneros elevados sobre muros o pilotes, con tejado a doble vertiente) y ha conservado, excepcionalmente, algún que otro *cabaceiro*.

Asturias, además, en un área muy concreta perteneciente a la Galicia histórica, mantiene la existencia de dos tipologías de hórreos asociados lógicamente al hórreo rectangular gallego y tipificados por I. Martínez Rodríguez como cabazos *tipo Ribadeo* y *tipo Mondoñedo*, que resultan curiosas adaptaciones localistas.

NOTAS

[13] MARTÍNEZ RODRÍGUEZ, I: *Tipos de hórreos del Noroeste Ibérico y su distribución geográfica*, XXIV Congreso Luso Español para el Progreso de la Ciencia, *Las Ciencias*, año XXIV n.os 1 y 2, Madrid, 1959. FLORES, C.: *Arquitectura popular española*, Aguilar, 1973, reimpresión 1986.

[14] CARLE, W.: *Los hórreos en el noroeste de la Península Ibérica*, Madrid, 1948, p. 276:

«La zona de distribución del hórreo Ibérico [...] empieza en las provincias vascas; sólo en la provincia de Vizcaya existe aún cierto número de hórreos (en vasco "garaixe"), al paso que en las otras tres provincias vascas ha desaparecido por completo. Según datos de Larrea y Recalde (1926-27), desde hace siglos ya no se construyen hórreos en Vasconia sino muy raramente. También en la provincia de Santander estos graneros (en español, hórreo, granero o panera) son ya una rareza; al llegar ya al Centro y Oeste de Asturias constituyen ya una característica fisionómica de las aldeas, pues en este País cada casa posee su hórreo. Al Sur de la Cordillera Cantábrica, en las provincias de Burgos, Palencia y León, se rarifican ya mucho. Por el contrario el conjunto territorial de las cuatro provincias gallegas presenta una aglomeración de estas construcciones, con un rico desarrollo de formas. La zona mas poblada aquí es desde más allá del Miño, en el Norte de Portugal (en portugués, espigueiro, canastro, caniço) hasta más acá del Duero.»

[15] NOLTE Y ARAMBURU, E.: «El garaixe vizcaíno: estado actual de la cuestión», II parte de *Hórreos y Palafitos de la Península Ibérica*, de E. Frankowski, Istmo, 1986, pp. 529-550.

[16] LEIZAOLA, F.: «Tipología y distribución de los hórreos navarros», II parte de *Hórreos y palafitos de Península Ibérica*, por E. Frankowski. Ed. Istmo, 1986, pp. 551-561.

[17] Recogemos la descripción que de la plaza de Riaño (León) hacía en 1897 HANS GADOW, publicado en *In northern Spain*, Londres,1897, reed. por Ediciones Trea, *Por el Norte de España*, 1997, pp. 117-118:

«Un gran cuadrado irregular, sin pavimento alguno, al igual que las calles, rodeado por casas de dos plantas encaladas, con los tejados del frente formando un alero sobre los balcones de madera del piso superior. Uno de los lados de la plaza está compuesto por edificios más humildes, con tejados de paja que albergan a un tiempo establos y moradas.

Hacia el centro de la plaza hay unos curiosos almacenes donde se guarda el grano. Se trata de una construcción típica de la zona llamada "hórreo". Estos depósitos de grano diseminados por el pueblo se encuentran siempre a cierta distancia de la casa o granja a la que pertenecen. El cuerpo del edificio descansa sobre cuatro troncos o piedras de unos cuatro o cinco pies de altura. En la parte más alta de estas columnillas hay un bloque de piedra que impide el paso a las ratas y otras alimañas. Estos hórreos no se encuentran en toda España, solamente en algunas comarcas de clima húmedo, cosa lógica si uno piensa. Hay muchos en Asturias, desde la costa hasta el lado sur de las montañas; en Galicia son muy pequeños, se elevan sobre unas columnas más altas, y los usan fundamentalmente para almacenar las mazorcas de maíz. En las provincias de Santander, Vascongadas, León, y en las comarcas montañosas de Portugal no existen, a pesar de tratarse de zonas igualmente húmedas. [Realmente estaba equivocado.]

[18] LASTRA VILLA, A.: «Hórreos de Cantabria», II parte de *Hórreos y Palafitos de la Península Ibérica*, E. Frankowski, Istmo, 1986, pp. 510-528.

[19] CARO BAROJA, J.: *Los pueblos del norte de la Península Ibérica*, Madrid, 1943, p. 143.

[20] Existen numerosos trabajos acerca de los hórreos gallegos. A modo de introducción en el tema indicamos la lectura de «Los hórreos gallegos», por JUAN LÓPEZ SOLER, trabajo incluido en *Actas y Memorias de la Sociedad Española de Antropología, Etnografía y Prehistoria*, vol. X, Madrid, 1931, y que ha sido recogido como anexo en *Hórreos y Palafitos de la Península Ibérica* de E. Frankowski, Istmo, 1986, pp. 229-295.

[21] DÍAS, J; VEIGA DE OLIVEIRA, E; GALHANO, F.: «Espigueiros portugueses», II parte de *Hórreos y Palafitos de la Península Ibérica*, E. Frankowski,. Istmo, 1986, pp. 563-571.

Sistemas constructivos

La adaptación al medio

Venimos hablando del hórreo asturiano, que viene definido por unas características básicas como son el estar realizado en madera, estar elevado sobre cuatro pegollos rematados por *muelas*, elementos disuasorios a la intromisión de los roedores, y estar rematado por una estructura a cuatro aguas que se cubrirá con distintos materiales, según épocas y zonas.

La arquitectura popular es fruto de dos factores fundamentales: los culturales, como son el tipo de poblamiento, las condiciones de las relaciones humanas, la propia historia de ese pueblo, y, por otro lado, los factores medio ambientales, que si bien no determinan la forma de una particular estructura, sí juegan un papel importante como índices modificadores, procurando con ello que construcciones diseñadas en lugares diversos para una misma función, resulten con estéticas diferentes. Climatología y geología no son determinantes, pero sí obligan a conformar cierto tipo de estructuras.

En numerosas ocasiones, se aprecia un exacto conocimiento de su medio ambiente: el microclima particular de esa zona –el régimen de lluvias, nieves o épocas de mucho calor– y el tipo de materiales cercanos –areniscas, granitos o mucha madera– incidirán en el aprovechamiento máximo de sus posibilidades climáticas y en el uso específico de determinado tipo de materiales.

El roble y el castaño bravo o montés han sido las maderas utilizadas más frecuentemente en la fabricación de los hórreos. Viego, Ponga.

En Asturias, el material escogido para la realización del hórreo ha sido la madera (incluso de madera también eran en un principio sus pegollos). Las maderas empleadas, por lo común, son el roble y el casta-

Cubierta de paja de centeno y pizarra. San Martín de Oscos.

Santa Eufemia, Villanueva de Oscos.

En la página siguiente: **Cardes, Cangas de Onís.**

ño bravo, que resisten bien la exposición al aire libre al ser muy ricas en tanino.

Un régimen de precipitaciones elevado, aunque con pequeñas variaciones de unas zonas a otras, conlleva también elevados índices de humedad. Es la humedad uno de los enemigos más perjudiciales para la conservación de los alimentos y, por ello, se busca una solución en la cámara que, alzada sobre pegollos o muretes, logra que queden aislados del suelo y puedan ser aprovechadas las corrientes más cálidas de aire. Ya hemos apuntado cómo el espacio inferior, en ocasiones, se cerraba, pero dejando siempre un espacio libre entre él y la cámara del hórreo para que circulase el aire.

También el grado de inclinación de los tejados puede variar de unas zonas a otras, siendo los más inclinados los de la zona montañosa, donde el régimen de nieves aconseja la mayor inclinación para evitar la acumulación de ésta en su cubierta. En zonas de pluviosidad abundante o vientos húmedos, la cámara, siempre de madera, se protege en sus lados más expuestos con *mandiles* y tornaaguas y mediante el pronunciado alero de la cubierta.

Los vientos son también otro motivo de análisis a la hora de la construcción de un hórreo, y el campesino los habrá de tener muy en cuenta.

La buena aireación es el secreto de un buen hórreo, solamente que las soluciones encontradas para su aprovechamiento no son las mismas en el oriente que en el occidente asturiano.

El interior del hórreo precisa una medida ventilación, en ocasiones ésta se efectúa por simples orificios tallados en las colondras, pero las más de las veces éstos agujeros forman parte de una esmerada decoración de carácter religioso o profano, en cualquier caso, correspondiente a la más clara tradición asturiana.

Cúa (Piloña), Bimeda (Cangas de Narcea), Arenas (Parres).

En la página siguiente: **trabe reforzado. Sietes, Villaviciosa.**

En el centro, oriente y suroccidente de Asturias, el aprovechamiento de las corrientes es excepcional, aireándose el interior del hórreo a voluntad mediante la puerta y la *portica* (pequeña puerta o ventanuca que se abre en el lado opuesto de la puerta principal), mientras que en el área noroccidental, se sustituyen en una o dos caras de la cámara las *colondras* (maderas que forman la pared), por listoncillos, con el fin de orientar estas caras a los vientos dominantes.

La estructura del hórreo está estudiada para obtener el mayor espacio de almacenaje. Otras cualidades que se observan son la posibilidad de ser desmontable[22] (se considera un bien mueble) y la ligereza de la construcción, sin que ello le reste estabilidad y durabilidad.

Para el montaje solían intervenir dos personas, pero, a veces, era precisa, como en el caso del ensamblado y colocación de las vigas, la intervención de al menos cuatro hombres.

Vamos a examinar la forma de sus partes y el modo en que van engarzadas, teniendo en cuenta que la elección de la madera a utilizar y el adecuado tratamiento que se le da una vez cortada será de gran importancia para su durabilidad.

Es decir, para hacer un estudio pormenorizado de los elementos integrantes de un hórreo hay que atender a los tres puntos básicos:

– elementos de sustentación;
– elementos de la caja;
– tipos de cubrición.

Hórreo asentado sobre vivienda. Vega de Sebarga, Amieva.

Elementos de sustentación

Son muy variadas las formas y materiales con que se sustenta el hórreo, dependiendo tanto de factores tradicionales como de los económicos y geológicos. Ahora bien, es verdad que estas variaciones no afectan a la estructura primaria del hórreo, siendo simplemente adaptaciones enriquecedoras de un tipo de construcción al medio geográfico.

En general, el sistema de apoyo del hórreo consiste en una columna llamada *pegollo*, aislada del suelo mediante una losa o zapata de mampostería llamada *pilpayo* que remata en su parte superior por otra losa llamada *muela* o *pegollera* que impedirá el acceso de los roedores. Por último, una

El pilpayo (mampostería), el pegollo (madera) y la muela (pizarra) son los tres elementos fundamentales del sistema de apoyo o sustentación. Oneta, Villayón.

En la página siguiente: **los mismos elementos del sistema de apoyo en un hórreo mucho más evolucionado. Corao Castillo, Cangas de Onís.**

pequeña pieza niveladora, llamada *taza*, servirá de puente entre el pegollo y la cámara del hórreo.

El número de estos elementos suele ser cuatro, pero es fácil encontrar en las zonas de montaña un quinto en el centro de la cámara, y seis, ocho y hasta doce en la *panera*, forma evolucionada del hórreo en cuanto a su capacidad.

El hórreo puede estar asentado directamente sobre el terreno o estar elevados sus pegollos sobre unos muretes de mayor o menor tamaño según los casos y que, en ocasiones, han sido cuadras de ganado mayor e incluso viviendas. También hemos de señalar algún caso en que el hórreo esta asentado sobre la cuadra y vivienda a la vez, los pegollos han desaparecido, quedando únicamente una hilera sobresaliente de pizarra a modo del *tornarratos* gallego, que cumple el mismo papel que la *pegollera* asturiana.

Pegollos

Ahora bien, la forma de dichos pegollos, y los materiales de que están realizados varían notablemente de unas zonas a otras.

En áreas con predominio de pizarra (el occidente asturiano), esta roca esquistosa obliga a la creación de pegollos de mampostería pizarrosa; sólo en algunos casos aislados aparece el pegollo monolítico de este material, como ocurre en Luarca, Coaña, Boal y Villayón.

Más frecuentes son los pegollos monolíticos de caliza, arenisca o cuarcita, ya que permiten una buena labra.

En cualquier caso hemos de apuntar que, aunque hoy día son escasos, los pegollos de tradición más antigua son aquéllos que nacieron a partir de la madera, hoy más

Trabe, muela y pegollo. Tribierto, Ponga.

En la página siguiente: ***distintos pegollos en: Beceña (Cangas de Onís), Bimeda (Cangas de Narcea), San Esteban de los Buitres (Illano) y Carboniella (Valdés).***

abundantes en zonas de montaña, en donde también intervendrían razones de tipo económico.

Suelen medir entre metro y medio o dos metros de alto, aunque no es extraño ver en zonas de montaña otros de menor elevación.

En la zona del oriente y, en general, correspondiéndose con las cubiertas de teja, los pegollos suelen ser de madera en las zonas altas y de arenisca en el resto (antiguamente también eran de madera, pero más elevados), tendiendo en todo caso a la forma piramidal. En cambio, en los hórreos de la montaña del occidente asturiano, que se cubrían con materia vegetal, suelen tener los pegollos escasa altura y tienden a la forma troncopiramidal o troncocónica. Es más, en la zona del occidente donde los hórreos se cubren con pizarra, los pegollos muestran mayor variedad, y así aparecen los de una sola pieza en forma troncopiramidal, bien de pizarra, madera, arenisca o granito; los de forma troncocónica, de mampostería pizarrosa, o los monolíticos de granito o pizarra.

Pilpayos

Piedras generalmente en forma cuadrada, que proporcionan cimentación al hórreo, nivelan los pegollos y evitan que cuando éstos son de madera se pudran.

También aparecen construidos en mampostería con todo tipo de piedra, aunque no hemos de olvidar que, en algún caso, se hicieron también de madera.

Muelas o pegoyeras

Piezas con forma cuadrada o irregular, de arenisca, caliza o pizarra que, asentadas sobre los pegollos, impiden el acceso de los roedores a la cámara.

Cuando aparecen con forma circular suele deberse a que se han aprovechado las piezas del mismo nombre del molino, o en ocasiones, los cantos rodados de gran tamaño que resultan idóneos para esta función.

Tazas

Tacos de madera de forma cúbica, que se colocan encima de las muelas haciendo de durmiente y sirviendo para que el apoyo de las *trabes* sea más perfecto. En ocasiones se ubican debajo de las muelas, nivelando la altura de los pegollos.

Además, el *tacu* amortigua el contacto entre la piedra y la madera, pues, si ésta fuera colocada directamente sobre la piedra, rompería.

Piedra y madera se mezclan a la hora de construir los apoyos del antiguo granero asturiano. Piedra arenisca o caliza. Madera de roble o de castaño montés. Las gastadas muelas del molino hacen el mismo servicio que los grandes cantos rodados o las finísimas lajas de pizarra. La vieja rolla de castaño bravo no se amilana ante el esbelto pegollo de roble tallado, ni el tosco bloque de caliza impone su robustez al modespo pilpayo de mampostería pizarrosa. Nada puede ser exclusivo. La diversidad es riqueza. Diversidad de formas y materiales, continuos mestizajes que engalanan nuestros cimientos.

Corao (Cangas de Onís), Sietes(Villaviciosa), Agüerina (Belmonte de Miranda), Sietes (Villaviciosa), Oneta (Villayón), Sietes (Villaviciosa).

En la página siguiente: ***Sietes, Villaviciosa.***

Elementos de la caja

La caja del hórreo es cuadrada. No obstante, en el siglo XVII se hizo frecuente la aparición de un tipo de caja rectangular que dará lugar a una construcción similar al hórreo, con pequeñas salvedades constructivas, llamada *panera*. Los tamaños en las cajas varían también en cuanto a su situación; por ejemplo, las cajas de los hórreos de montaña suelen ser de menores dimensiones, al ir cubiertos por materia vegetal y tener menos cosecha que guardar.

En el occidente asturiano, y, en general, correspondiéndose con los hórreos de cubierta de pizarra, la cámara suele ser de mayor tamaño, y es corriente sustituir alguna o todas las *colondras* por listoncillos de madera ligeramente distanciados, habilitándose parte o la totalidad de la caja como granero ventilado.

Hemos de mencionar la existencia de algunos ejemplares en los que las cajas están realizadas con varas de avellano entretejidas, y, así mismo, hemos de señalar como los materiales de nueva factura se van incorporando a la construcción de los hórreos.[23]

Elementos invariables

La disposición no varía en cuanto a su estructura básica:

Las *trabes* son las cuatro vigas de roble o castaño que, ensambladas a media madera, ciñen y arman el suelo de la cámara sobre los pegollos (de igual longitud, entre 4 y 6 metros).

Aunque en el hórreo no encuentre ratones, este gato ha elegido, para tomar el sol, la talamera del viejo hórreo casi románico de Villaviciosa. Nada mejor que éste para escapar del frío y la humedad, para solazarse y reponer las fuerzas necesarias para cazar la cena entre pegollos.

Busto, Villaviciosa.

Liños o *linios* son las cuatro vigas paralelas a las *trabes* que sustentan la techumbre. Atan las paredes y forman el marco superior de la cámara; sobresalen por los extremos de 20 a 25 cm., formando unas cabecillas que, a veces, se molduran o tallan y que reciben el nombre de *cabezas*.

El cuadro es similar al inferior, pero de menor escuadría, y van engarzados también a «media madera».

La cara inferior de los *liños*, como las *trabes* en la superior, cuenta con una regadura continua en la que encajan los cantos superiores de las *colondras* y *engüelgos*, que para ello terminan en bisel o «cortados de uña».

Sobre el *liño*, y a modo de durmiente, descansa otra delgada viga, llamada *sobreliño*.

Las *pontas* o *sollas* son cada una de las tablas que forman el piso del hórreo –*tillao* o *sollao*–; suelen ir empotradas en una regadura interior de la *trabe*.

El *sobigaño* es una pieza de madera para reforzar el piso. Es la *viga carcelera* que se amarra por debajo a las *trabes*. Se sostiene por medio de unas abrazaderas de metal o, más frecuentemente de madera, clavadas a las *trabes* e incluso a veces ensambladas en ellas para que éstas no se desplacen lateralmente. En algunos casos, la *viga carcelera* apoya en sendos *pegollos*.

Elementos variables

Las paredes de la caja suelen estar formadas por tablones –*colondras* o *cureñes* o

El hórreo tiene la caja cuadrada, que en representación gráfica sería lo mismo que la planta. El número de pegollos suele ser cuatro, pero en ocasiones, pueden ser cinco, seis, nueve, etc. dependiendo de las necesidades de apoyo de cada ejemplar. La panera es un hórreo con la caja rectangular y suele tener seis o más pegollos.

Hórreo. Tribierto, Ponga.
Panera. Ordiales, Siero.

corondias– engarzadas verticalmente. Suelen ser de madera de roble, o bien de castaño bravo o montés. Sus caras menores, o *testas*, encajan en la cara superior de la *trabe* y la inferior del *liño*. Suelen tener de siete a diez centímetros de grueso, y su altura oscila entre poco más de un metro y metro y medio en las paneras más modernas, y su ancho va de los cuarenta centímetros al metro.

Dos son las formas de engarce de las *colondras*: la directa o machihembrada y la de engarce con barrotillo. En ambos casos las *colondras* están provistas de unas espigas en su canto inferior y superior, que sobresalen unos cinco centímetros y que encajan en las escopladuras que al efecto llevan las *trabes* en su cara superior y los *liños* en la inferior. En sus laterales, en el primer caso, lleva espiga en un lado y, en otro, regadura, para así engarzarse en la llamada forma *machihembrada*.

En el segundo caso, en los laterales, las *colondras* llevan en sus dos lados espigas, y se engarzan dos a dos por medio de un barrotillo, *almilla* o *peine*, que con todos esos nombres se le conoce, es decir, un pequeño listoncillo de madera de igual longitud que las *colondras*, que con unas espigas en sus laterales encajan en las regaduras de las mismas (en los hórreos más antiguos, las colondras van unidas con *almilla*).

También aparecen las *colondras* engarzadas en horizontal, como veremos en algunas zonas del oriente, sobre todo en las construcciones con tejado a dos aguas.

Sobigaño de cabeza moldurada. Guimarán, Carreño. Colondras decoradas. Villar de Bildas, Somiedo. *A la derecha:* **hórreo con colondras horizontales. Soto de Valdeón, León.**
En la siguiente página: **colondras, liños, durmientes y cabrios. Arenas, Parres. Arado sujeto a los tentemozos. Sobrefoz, Ponga. Hórreo con engüelgos o esquinales. Sietes, Villaviciosa.**

En la zona de occidente, en cambio, es corriente sustituirlas en uno, dos o todos sus lados por pequeños listoncillos que dejan pasar el aire.

Los *engüelgos* son las piezas de las esquinas cuando éstas se hacen de una sola pieza. Son piezas enterizas, también llamadas esquinales, obtenidas de una rolla tallada en ángulo recto. Los *engüelgos* se encajan en *trabes* y *liños* como las *colondras*. Una vez colocados, los *engüelgos* se inmovilizan mediante unas tablas clavadas oblicuamente, que unen éstos y las *trabes*. A esto se llama «rostrar los engüelgos».

Llamamos *subidoria* a cualquier elemento que nos de acceso a la caja del hórreo. Los métodos utilizados para acceder al hórreo son diversos. Desde un tronco en vertical hincado en el suelo, al que se le han hecho

El hórreo fue con frecuencia lugar de reunión: escuelas, tertulias entorno al taller artesano, organización de sestaferias, etc. En las pequeñas aldeas llegó incluso a hacer la típica función del atrio parroquial.

San Martín de Vallés, Villaviciosa.

unas cajas a modo de peldaños, al más común de colocar delante de la puerta una escalera de piedra con acceso por uno o sus dos lados. En cualquier caso, la particularidad está en que entre el último peldaño y la puerta de la cámara haya una separación de unos cuarenta centímetros para impedir que desde él salten los ratones al interior.

El siguiente paso se realiza por la *talamera*. Esta es una tabla (tablón de una sola pieza, ancho y grueso) suelta y colocada de *muela* a *muela* ante la cara principal, que sirve tanto de último peldaño de acceso al hórreo como de plataforma o repisa.

O por la *tenovia*, tabla sujeta a la *trabe* delante de la puerta, con función de peldaño cuando no existe la *talamera*.

El corredor es un elemento de aparición tardía. Se desarrolla a lo largo del XVIII y va parejo a la incorporación del cultivo del maíz. Dispuesto parcial o perimetralmente, sirve como complemento a algunas funciones de la cámara, ya que suele utilizarse como secadero previo a la guarda de los alimentos.

En ocasiones, el enrejado de balaustres torneados o recortados suele hermetizarse o reemplazarse por tablazón, que, si sólo recubre el antepecho, se llama *mandil*, y si se prolonga hasta el alero *tornaaguas*, que protegen así de la lluvia tanto el piso del corredor como los productos en él almacenados y la fachada del hórreo más expuesta a los vientos húmedos y fuertes.

Normalmente la aireación del hórreo se logra abriendo una puerta trasera, enfrente de la principal, y varios agujeros de pequeño diámetro en otros lugares de la *colondra*.

La portica o puerta de menor tamaño que la principal y siempre enfrentada a ésta, tiene como función primordial facilitar la ventilación de la cámara.

Las ventilaciones son los orificios abiertos en las *colondras*, que, aparte de su función específica, adquieren, por su variedad de formas, un valor decorativo.

La panera

El hórreo sufre pocas modificaciones a lo largo de sus siglos de existencia; quizás, la variante que encontramos a lo largo de toda la geografía asturiana se produce a

Distintos tipos de corredor. Corao (Cangas de Onís) y Somió (Gijón). Panera con tornaaguas. La Mortera, Valdés.

principios del siglo XVII y va a presentar unas características tan plenamente definidas que llegará a ser motivo de nueva denominación: la *panera*. El motivo que mueve a esta modificación es la abundancia de productos a conservar. El cultivo en Asturias del maíz, planta importada de las américas, ocasiona una revolución de la producción y economía agrícola que va a exigir una ampliación en la planta del hórreo y por ello se alargan dos de sus *trabes* (vigas de la caja) tomando la planta forma rectangular. Al haber una mayor estructura fue necesaria la incorporación de un número mayor de pegollos –6, 8 e incluso 12– y una viga cumbrera en el tejado que siguiera permitiendo la cubrición a cuatro aguas sobre pares y tirantes. A ello hay que unir la incorporación del corredor y la posibilidad de tener un desván.

Colondras oradadas de forma decorativa para dar ventilación al interior de la caja. Agüera (Belmonte de Miranda) y Quintana (Gijón).

A la derecha: **panera. Pruneda, Nava.**

En la página siguiente: **panera. Piñeiros, Valdés.**

Panera del Palacio de los Rubianes. Cereceda, Piloña. Varios hórreos alineados y, posteriormente, unidos entre sí dando lugar a una gran panera.

Pen, Amieva.

Los dos elementos que constituyen una novedad en las paneras –corredor y cumbrera–, serán soporte de cuidadas soluciones decorativas. Las cumbreras se adornarán con bellas cresterías y remates cerámicos, al tiempo que, en el corredor, el torneado y talla de balaustres adquiere mayor relevancia al disminuir la importancia de la decoración en las *colondras*, ya muy reducida a las puertas, sobre todo a lo largo del XIX.

Otros cambios de menor relevancia se refieren, por un lado, a la nueva disposición de las puertas de acceso y, por otro, a la mayor altura que adquieren las paredes al tiempo que se estrechan las *colondras*. También se advierte en las paneras más tardías una novedad en el tipo de herramienta utilizada para rebajar la madera, pues si bien el trabajo basto lo sigue realizando la azuela, aparece ya, en algunos casos, rematada por la perfección de la garlopa.

Las paneras suelen presentar dos puertas en el frente. Bien por comodidad para un mismo usuario, bien porque, en su mayoría, las paneras pertenecieron a más de un vecino e incluso estaban divididas por dentro en varias habitaciones o estancias separadas entre sí por tabiques, lo que ya ocurría también con los hórreos.

La distribución de hórreos y paneras no se realiza de forma equilibrada, y se apre-

Distintos tipos de panera. Vega del Hórreo (Cangas de Narcea), Carboniella (Valdés) y Peñaflor (Grado).

cian dos áreas claramente diferenciadas. Cuando surge la panera, el centro de Asturias ya tenía resuelto el problema de la salvaguarda de alimentos y cereales con los hórreos, que por entonces ya eran numerosos. Por contra, en el occidente, donde probablemente la población de canastos o banastas debió de ser bastante generalizada, no era suficiente para la salvaguarda del nuevo cereal que se impone, siendo necesario incrementar la población de paneras con gran rapidez para poder dar cobijo al aumento de volumen de las nuevas cosechas.

Hórreo con cubierta vegetal de paja de centeno. Morlongo, Villanueva de Oscos.

Cubierta a paleta. Lagúa, Baralla (Lugo).

En la página siguiente: **cubierta a baguna. Pradaira, Grandas de Salime.**

Tipos de cubierta

El material de cubiertas y su pendiente se ajusta fundamentalmente a los materiales del entorno y a las variantes microclimáticas de cada zona.

Respecto a las cubiertas, las trazadas a cuatro vertientes se realizan con tres tipos de materiales: vegetales, bien de escoba o de centeno; de pizarra y de teja.

Cubiertas vegetales

La cubierta vegetal, de uso generalizado primitivamente, sobrevive en la actualidad, al igual que en la vivienda, en un área restringida a zonas montañosas del interior suroccidental, trascendiendo a la zona leonesa del Bierzo y Ancares al tiempo que a la de los Ancares lucenses.[24]

Estos hórreos suelen ser de escasa altura y reducidas dimensiones, ya que están dedicados fundamentalmente a ser despensa de productos cárnicos o lácteos.

Las techumbres de paja, hoy en trance de desaparición por requerir más cuidados y escasear los especialistas en su reparación, ofrecían unas condiciones de aislamiento y aireamiento del interior que los hacían superiores a los de cualquier otro material. El peligro de incendio era, en estos hórreos, sin embargo, una amenaza más inmediata que en cualquiera de los otros tipos.

Cubiertas de escoba. Quedan hoy en los concejos de Somiedo y Teverga. Se trata de un arbusto (*cytissus scoparius*) que, cuando falta, puede ser sustituido por el piorno (*genista florida*) algo más leñosa que aquélla. Una capa de *uces* o brezo (o gorbizo) se coloca sobre la estructura de la cubierta y en ella se insertan las ramas de escoba. Esta capa proporciona a la cubierta un espesor considerable. Dura unos quince años, siendo sólo necesario cada dos o tres años renovar las capas más dañadas hincando nuevas ramas de escoba.

Cubiertas de centeno. Por otra parte, en los concejos de Ibias, Cangas del Narcea, Degaña, Grandas de Salime y Santa Eulalia, San Martín y Villanueva de Oscos se ha utilizado la paja de centeno para cubrir las construcciones. En su colocación se han utilizado dos técnicas diferentes:

a) *A paleta:* los haces de paja se colocan con las espigas desgranadas hacia el interior y se van atando a los cabrios y las ripias mediante trenzas de la misma paja. Las capas se van sucediendo hasta llegar a lo

Cubierta de escoba. Urria, Somiedo.

El hórreo correspondiente al interior más occidental de Asturias se distingue del resto por la exagerada inclinación de sus vertientes de pizarra. Se asocia esta característica a los hórreos de los Oscos, pero también podemos incluir a los enclavados en los concejos de Grandas de Salime, Ibias y Degaña.

En la página siguiente: **San Cristóbal, Villanueva de Oscos.**

alto del armazón. Para que la superficie quede impermeabilizada se golpea y alisa el extremo de las haces con una paleta de madera, de ahí su nombre.

Este sistema dura entre 15 y 20 años, pero como contrapartida tiene el ser preciso, cuando se renueva, el retirar toda la cubierta y hacerse de nuevo en un solo día para evitar que se desequilibre la armadura.

Cuando se cubre un hórreo con este sistema, en el alero, bajo la paja, se coloca una capa de *uces* o brezo o unos haces de paja tumbados horizontalmente, con el objeto de retener la paja que va a colocarse encima y para levantar y dar mayor grosor al alero.

Esta técnica requería mucho trabajo y ciertos conocimientos por parte del operario, llamado *paleteiro*, que solía ser de los Ancares de León y ofrecía su trabajo por las casas.

b) *A baguna:* consiste en colocar la paja tendida sobre la armadura sin atar, sujetándola al final de la operación mediante una trenza de varas entrelazadas que suelen ser de avellano. La trenza comienza a colocarse a partir del pico de cono que forma la cubierta; en ocasiones, en lo alto, se colocan dos pequeñas varas clavadas y cruzadas entre sí, a las que se enlaza el inicio de la trenza, que desciende en espiral hasta rodear toda la cubierta.

En ocasiones, en lo alto de la cubierta se coloca un manojo de paja trenzada formando un «moño» cilíndrico.

Las cubiertas ejecutadas con el método *a baguna* requieren menos paja que el anterior sistema *a paleta* y no es necesario retirar toda la paja para retechar, pues basta con quitar la trenza y reponer la paja necesaria. Como contrapartida tiene menor duración, que oscila entre 3 y 5 años.

Estos tipos de cubierta, aún cubriendo una estructura cuadrada, aparecen al exterior con forma cónica, llegando a confundir el ojo haciéndonos creer que se trata de una estructura circular. En algunos ejemplares, con el fin de preservar la cámara, esta cubierta tiene una pronunciada pendiente, llegando en muchos casos hasta *les trabes* e incluso más abajo todavía.

Estas cubiertas están todas llamadas a desaparecer. La necesidad del recambio de la paja entre los 5 y los 15 años, por el trabajo que ello supone, ha sido uno de los motivos que ha incidido en que vayan siendo sustituidas por las de pizarra o teja. Otro motivo es que al no existir, en la actualidad, plantaciones de centeno se carece de la materia prima esencial para la construcción de dichos tejados. Incluso no es extraña la presencia de tipos intermedios que utilizan paja y pizarra conjuntamente.

Teito, se llama en la zona suroccidental a la cubierta de paja. *Teitar*, a la acción de poner *teito*, esto es cubrir o renovar la paja del tejado.

Cubiertas de pizarra

La cubierta de pizarra está practicamente generalizada en todo el occidente asturiano. Así, encontramos este tipo de cubrición en los concejos de Valdés, Navia, Coaña, El Franco, Tapia de Casariego, Castropol, Vegadeo, San Tirso de Abres, Taramundi, Santa Eulalia de Oscos, Villanueva de Oscos, San Martín de Oscos, Grandas de Salime, Pesoz, Illano, Boal, Villayón, Tineo, Allande, Cangas del Narcea, Ibias y Degaña.

Cubierta combinada de paja de centeno y pizarra. San Martín de Oscos y Pasarón (Villanueva de Oscos).

En la página siguiente: **hórreo con cubierta de teja. Proazina, Proaza.**

Sin embargo, en todo el centro y oriente asturiano solamente podremos encontrar cubiertas de pizarra a orillas del río Aller y en el concejo del mismo nombre.

Lajas de formas irregulares, con distintos tamaños y espesores y con visibles planos de exfoliación, se superponen en sus cuatro vertientes y rematan, en general, hórreos de mayores dimensiones que los de paja, siendo frecuente la concurrencia con pegollos también pizarrosos. Su pendiente varía en función de la existencia o carencia de desván, siendo lo más frecuente que oscilen sus valores del 30 % al 35 %.

Manuel Méndez Baliela nos recuerda que la «La pizarra se podía fijar mediante clavos a través de un agujero hecho en la roca, que se clavaban en la ripia de madera del faldón, sistema este que permitía fuertes pendientes en las vertientes, o bien sin fijación alguna, salvo el peso de la pizarra solapada o el de los cantos rodados colocados para evitar el desprendimiento de las losas, lo cual obligaba a adoptar pendientes más suaves y mayores solapes de las lajas para evitar la infiltración.

Los tamaños de las pizarras, así como sus formas, espesores y colores, pueden ser muy variados, usándose generalmente las losas de gran tamaño en aleros y cumbreras y siendo frecuentes las lajas pequeñas en limahoyas, para conseguir curvas de transición suaves entre los faldones adyacentes».[25]

Aunque hemos comentado la existencia, en algunos casos, de la convivencia en un mismo tejado de cubierta vegetal y pizarra, hoy día se va generalizando más otra versión: la teja va ganando terreno y no es extraño ya ver cubrejuntas de teja en las cubiertas de pizarra. Incluso hemos podido apreciar alguna construcción en las zonas de aproximación al centro de la región asturiana, que presenta la combinación de media cubierta de pizarra y otra mitad teja.

Cubiertas de teja

Hórreos con cubierta de teja se localizan en todos los concejos del centro y del oriente asturiano, excepto en los de Ribadedeva y Peñamellera Baja, donde este tipo de construcción ya ha desaparecido.

Quizás uno de los tipos ya prestos a extinguirse es aquél que, teniendo la base cuadrada, cubre a dos aguas, como fue usual, aunque actualmente quedan contados ejemplares, en Cantabria, País Vasco y Navarra. Se localiza en zonas puntuales

del sureste asturiano (cabezeras del Sella y del Nalón), aunque su radio de acción, sobre todo al norte de León y Palencia fue mucho mayor.

La cubierta de teja a cuatro aguas ocupa el área más extensa del centro y del oriente asturiano; con aleros salientes, su pendiente es similar en ambas zonas, alcanzando un valor medio del 33 %.

Elementos de la techumbre

Durmiente, sobrelinio, touca

Tabla clavada al *liño*, más ancha que éste, con *tornos* (espigas de sección cuadrada de unos 25 cm. de longitud por dos y medio de grueso). El agujero en el que encajan es circular para que la presión se ejerza en cuatro puntos y no en toda la superficie de la perforación. Sobre ellos descansan los *cabrios*.

Vigas del queso, cruceta, perros

Son las vigas similares a los *liños* y que sirven de tirantes para unir dos *liños* opuestos. En los hórreos pueden ponerse dos o uno. Su unión con los *liños* es a media madera.

Las armaduras

Irán sobre los *perros*, y apoyando en el *sobreliño*. Se componen de las *tijeras* (par que une

Cubierta de teja con remate cerámico realizado por Primitivo en su taller de Somió. Cabueñes, Gijón.
Ventanas abuhardilladas en la panera del Palacio de Carballo, Cangas de Narcea.

Cubierta combinada de teja y pizarra en la costa occidental asturiana. Santa Marina, Cudillero.

el punto medio de los *liños*) y los *aguilones* (par que une vértices de los *liños*), que se cruzan en su parte superior.

El cumbre

Solamente existe en las construcciones de cajas rectangulares (paneras) es una viga horizontal cuya longitud ha de corresponder a la diferencia de longitud de las *trabes* cortas y largas y que determina que las cuatro aguas de la cubierta tengan la misma inclinación.

Puntal

Pie derecho que, apoyado en el centro de las *vigas del queso*, proporciona sostén a los *aguilones*. Es un elemento relativamente nuevo.

Panera con cubierta de teja y ventana abuhardillada. Villanueva, Grado.

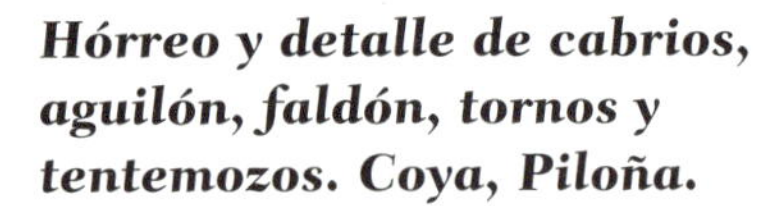

Hórreo y detalle de cabrios, aguilón, faldón, tornos y tentemozos. Coya, Piloña.

Cabrios

Tablas encajadas en las regaduras de los *aguilones*, que, apoyadas sobre el durmiente, al que van clavadas por los tornos, vuelan hasta cerca de un metro fuera del *liño* para formar el alero. Soportan el peso de las tejas.

Faldón

Listón que ata los *cabrios* por su cara superior mediante *tornos* (pernos de madera, llamados en este caso *tornos de aire* porque sobresalen y quedan vistos, levantando la primera fila de tejas).

Tentemozos

Puntales inclinados que, apoyados en las *trabes*, soportan parte del peso del alero.

Moño u obispo

Coronación exterior de las cuatro aguadas formada por dos piedras: una losa plana, en horizontal, más o menos circular, sobre la que se coloca otra apuntada, de forma más o menos piramidal, que evita la entrada de agua por un lugar tan delicado. En las paneras se dispone sobre la cumbre una línea de tejas o, cuando el techo es de pizarra, se construye un pequeño murete de piedra, *la pareína*. También ha sido lugar preferido para adornar con cresterías cerámicas.

A veces se abre una pequeña ventana abuhardillada en el tejado, que corresponde a un pequeño desván.

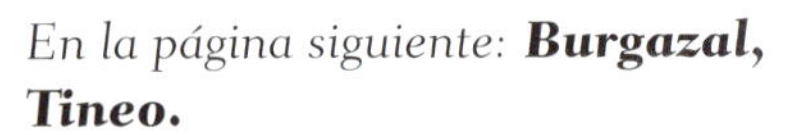

En la página siguiente: **Burgazal, Tineo.**

NOTAS

[22] *De las respuestas generales del catastro del Marqués de la Ensenada,* libro 370, 1752.

Concejo de Carreño

«[…] y que los vecinos en el lugar de San Martín de la Parra de Tamón contribuyen anualmente a D. Alonso Muñiz vecino y regidor de este concejo con un copín de pan cada uno por el suelo de las casas que llaman por razón de hogar, cuyo derecho asciende a una fanega y un copín de pan a razón de nueve vecinos, y además tiene la regalía de que por cualquier orrio, que se haga de nuevo en dicho lugar se le han de págar quince reales de vellón por una vez, y lo mismo por el que se muda de sitio a otro, cuio derecho podrá ascender en cada un año a quince reales de vellón.»

[23] GARCÍA MENÉNDEZ, A.: *Quintueles. Una aldea de la marina asturiana*, IDEA, 1962, p. 107:

«Éstos eran y siguen siendo los materiales tradicionalmente empleados en la fabricación de los hórreos clásicos, pero desde que el eucaliptus suplantó en los montes a los árboles de maderas nobles, su escasez y alto precio las han hecho inasequibles para las fortunas modestas y ha habido que recurrir a los materiales cerámicos (rasilla y ladrillo) para suplirlas, aunque no reúnan tan favorables condiciones para la conservación de los frutos, que dependen de la regularidad en su interior de la temperatura y grado de humedad.»

[24] ALONSO GONZÁLEZ, J. M.: «La arquitectura popular», *Ancares*, Ediciones Leonesas, 1987.

[25] MÉNDEZ BALIELA, M.: «Tejados de pizarra», 1994 (trabajo inédito).

Hórreo: elementos constructivos

Elementos de sustentación

1. Pilpayo
2. Pegollo
3. Muela o pegollera
4. Taza o taco

Elementos invariables de la caja

5. Trabes
6. Liños
7. Pontas o sollas
8. Sobigaño

Elementos variables de la caja

9. Colondras, cureñes o corondias
10. Engüelgo o esquinal
11. Talamera
12. Zancón
13. Corredor
14. Puerta

Elementos de la techumbre

15. Durmientes o sobreliños
16. Vigas del queso o cruceta
17. Aguilones
18. Cabrios
19. Faldón
20. Tentemozos

21. Subidoria

16
17
15
6
18
19
20
10
13
9
7
14
11
4
3
8
12
5
2
1
21

Variantes zonales

Cabaceiro gallego. Fervenza, San Juan de Camba.

Típica casería occidental. Ferreira de los Gavitos, Valdés.

Venimos comentando que desde la aparición del tipo de hórreo asturiano allá por el siglo XIV, el modelo no ha sufrido muchas variaciones y las que a continuación vamos a ir analizando están determinadas por factores históricos, geográficos, geológicos, climáticos y económicos. En cualquier caso, se trata de modificaciones no estructurales, por lo que no afectaron a lo concreto y definido del tipo, sino solamente a aspectos decorativos y complementarios.

En cuanto a los factores históricos, hemos de comentar que tuvieron grandes implicaciones, ya que determinadas zonas estuvieron sometidas a ciertos poderes (bien la Iglesia o señoríos particulares) o a influjos de tipo cultural (como es el caso de la franja costera cercana a Galicia) que impulsaron un tipo de economía concreto, al tiempo que ejercían una influencia en cuanto a costumbres y modo de vida. Quizás estos factores queden expresados fielmente en

los motivos decorativos que se detectan en determinadas áreas, aunque su lectura hoy por hoy nos resulte jeroglífica.

En determinados casos, incluso, se trasluce una homogeneidad constructiva que pudiera deberse a la existencia de cuadrillas de carpinteros que, o bien se desplazaban por el territorio, o trabajaban en determinados puntos donde realizaban los hórreos y después los trasladaban y montaban donde fuera demandado.

Por lo que se refiere a factores geográficos, veremos que el hórreo asturiano no se distribuye por igual a lo largo de toda la región, ni tampoco se ciñe a ella, extralimitándose en muchas ocasiones. Determinadas áreas se presentan con cifras bastante elevadas de este tipo de construcciones, mientras que otras permanecen casi vacías, y lo mismo podemos decir en cuanto a la existencia en unas zonas determinadas de mayor número de paneras que de hórreos, mientras en otras el caso es completamente inverso.

Las variaciones debidas a factores geológicos son fácilmente explicables y, además, no afectaron de forma importante y definitiva a la estructura del hórreo. Son las más representativas de sus posibilidades de adaptación al medio y afectan fundamentalmente

Los hórreos de Villayón, incluso los de Tineo que lindan con este concejo, presentan con frecuencia en las esquinas de los tornaaguas pinturas con motivos circulares: tetrasqueles y flores galanas en colores azules, tierras y ocres, que recuerdan a los que aparecen en los cabazos de la otra orilla del río Navia, en los concejos de Illano, Boal y Coaña.

Motivo decorativo pintado en el tornaaguas. San Cristóbal, Villayón.

Hórreo en el tradicional barrio del Valledal. Villamayor, Piloña.

Vista general. Carboniella, Valdés.

En la página siguiente: **Busto, Villaviciosa.**

a los elementos correspondientes a la sustentación y a los de cubrición.

Los factores económicos, por su parte, jugaron un papel determinante, especialmente el cultivo intensivo que se realizó del maíz a partir de los primeros años del XVII que tuvo repercusiones trascendentales en la economía del país, primero en los concejos costeros del centro de Asturias, ya entonces poblados de hórreos (y como consecuencia de ello se les añade el corredor, para aumentar su capacidad); posteriormente, en la zona occidental, donde se incrementa el número de paneras ante la casi inexistencia de hórreos, y, por último, llega a los espacios de montaña, que verán retrasar la implantación del cereal hasta el siglo XVIII.

Como consecuencia de todas estas variaciones, hemos determinado su análisis en tres zonas fundamentales: oriental, central y occidental.

Decoración

El hórreo es un elemento funcional al que el campesino, como ocurre con otras muchas de sus pertenencias cotidianas, ha dotado de un valor especial en el momento que le incorpora una serie de elementos decorativos tallados, pintados o ambas cosas a la vez, ya sea por motivos puramente estéticos, ya por razones de tipo mágico-religioso.[26]

El estudio de los motivos decorativos que aparecen en los hórreos, al igual que ocurre con la mayoría de los motivos decorativos que aparecen en cualquier tipo de manifestación de cultura popular, está en sus inicios. Aún así, una serie de conclusiones de tipo formal se pueden ir extrayendo, conformando un panorama en el cual lo todavía no determinado es la simbología de algunos de ellos.

En cuanto a la estructura, los motivos tallados o pintados suelen aparecer siempre en las mismas partes del edificio. No obstante, no está claro que exista una vinculación directa entre el motivo y su ubicación en la construcción, aunque si podremos ver que cierto tipo de motivos son predominantes o casi exclusivos de cada una de ellas.[27]

En cuanto a la simbología, el problema que se plantea es más complejo, ya que existe una gran proliferación de significados para un mismo motivo, según la épo-

Motivo decorativo tallado y pintado en una colondra. Guimarán, Carreño.

Elemento decorativo tallado y pintado en el liño. Torazo, Cabranes.

ca y la cultura en que se asuma su interpretación. Hay motivos que aparecen directamente relacionados con elementos culturales que provienen del arte popular de la Edad Media, en los que incluso se puede descubrir cierto sustrato mágico-religioso enraizado con culturas primitivas. Como característica más puntual, se ha señalado que parecen responder a la representación de las inquietudes campesinas dentro del ámbito espiritual y social en que el campesino se mueve.

Así, son frecuentes los símbolos más o menos alusivos a los animales, y la naturaleza en general.

Otros parecen ser una derivación directa del arte culto, del que toman ciertos motivos religiosos que simplifican hasta dejarlos casi de forma irreconocible. Además, siempre que se recogen estos motivos, queda claramente manifiesto cierto desfase cronológico.

Por último, de ciertos elementos no podemos precisar ni siquiera su origen, pero los vemos repetirse en épocas y estilos ajenos al mundo popular, y resurgen una y otra vez en éste. Son dibujos geométricos que se extienden por toda Europa, algunos de ellos presentes en tiempos prerromanos y que, a veces, se han interpretado como pertenecientes a un sustrato racial común, y otras se atribuye su existencia a un sentido decorativo poco menos que innato en el campesino europeo.

Estamos hablando de los motivos circulares, esvásticas, trisqueles y tetrasqueles, rosas galanas, volutas, diábolos, etc., toda una familia que nos remite a los símbolos solares, al principio divino que no tiene fin, y que Dechelette nos desglosa en su trabajo *La Swástica*.[28]

El valor que adquieren este tipo de manifestaciones responde a dos motivos. Por un lado, su valor intrínseco en cuanto a manifestación de la calidad cultural del pueblo que lo realiza. Su calidad (obra de arte popular) depende de la preparación y formación artesanal, así como del sentido artístico de cada maestro carpintero y del ambiente en que se desarrolla su actividad. En segundo lugar, en cuanto a manifestación colectiva, creando, en algunos casos, modelos decorativos muy desarrollados que durante determinados años, y en determinadas áreas, tuvieron una personalidad particular, ocasionando con ello la formación de escuelas y estilos propios que aún hoy podemos distinguir.

Mientras el tipo de hórreo en Asturias mantiene una gran homogeneidad al no afectar las variaciones locales a la estructura primaria, será la decoración la que manifieste más claramente las circunstancias culturales que lo rodearon.

Carentes de decoración los hórreos del extremo oriental asturiano, tres serán los estilos que podemos diferenciar en el resto del territorio:

– El estilo *Villaviciosa*, desarrollado en torno a este concejo.

– El estilo *Carreño*, más tardío y propio de paneras.

– El estilo *Allande*, que se extiende por el occidente asturiano.

Decoraciones estilo Villaviciosa: talladas, Fuentes (Villaviciosa), y pintadas, Anieves (Oviedo).

Decoraciones estilo Allande: Bimeda (Cangas de Narcea) y Villaverde (Allande).

Arco abocinado correspondiente a la puerta del hórreo. Cervera, Cabranes.

Colondra estilo Carreño. El Cenizal, Llanera.

Extremo oriental de Asturias

Las tierras comprendidas entre el río Sella y Cantabria cuentan con un pequeño número de hórreos. Carecen de ellos los concejos de Ribadedeva y Peñamellera Baja, y son escasos en Cabrales, Peñamellera Alta y en parte de Llanes.

El hórreo de esta zona debió de iniciar un retroceso similar al ocurrido en el País Vasco y Cantabria, motivado por la expansión del cultivo del maíz, que trajo consigo el desarrollo de la casa con grandes corredores orientados a mediodía, que servían para curar este cereal, y de amplios desvanes en los que se guardaban el grano y los frutos. Ello supuso la rápida desaparición de los hórreos (fenómeno que en el País Vasco tuvo su final hacia 1750).[29]

La particularidad excepcional se muestra en la zona del alto Sella colindante con León, donde todavía se conserva el tipo de hórreo que debió de ser común al resto oriental de la cornisa cantábrica y que hoy día sólo se conserva en esta zona.

El hórreo de esta zona aparece con la cubierta a dos aguas y es conocido tipológicamente como *hórreo leonés* o, más localmente, como *hórreo beyuscu*. Lo encontramos en los pueblos del desfiladero de los Beyos, en casi todos los pueblos de Sajambre y en algunos otros lugares de Valdeón o Burón.

Muestra la particularidad de tender a la planta rectangular, y el tejado a dos aguas formado por un agudo caballete, cubierto con teja. La puerta se encuentra en uno de los lados penales, y el acceso se realiza por la *subidoria* y directamente al interior del hórreo, sin *tenobia* o *talamera* que facilite la entrada al interior.

Guillermo Mañana[30] censó en la zona, a finales de la década de los ochenta, hasta 21 ejemplares de hórreos a dos vertientes, de los que algunos ya han desaparecido. Excepcionalmente, se conservan algunas muestras de estos en los valles del Nalón y el Sella, en Arbejil, Ciaño de Langreo, Escobio, Següenco, Cangas de Onís, y añadimos uno en la cuenca del Piloña (afluente del Sella) en Vallobal. Quizás la cubierta a tres vertientes, de la que únicamente quedan dos ejemplares en la zona de los Beyos (San Ignacio y Bores), no deje de ser un intento de trasformar la cubierta a dos aguas en una cubierta cónica tradicional (a cuatro vertientes).

En la página siguiente: **hórreo beyusco con tejado a dos aguas. Viego, Ponga.**

Distintos ejemplares de hórreo leonés o beyusco. Viboli (Ponga), Soto de Valdeón (León), Vallobal (Piloña) y Rubriellos (Ponga).

En la página siguiente: **Escobio, Langreo.**

Incluimos en la zona extremo oriental de Asturias a los concejos: Ribadedeva, Peñamellera Baja (carentes de hórreos), Peñamellera Alta, Cabrales, Onís, Cangas de Onís, Amieva, Ponga, Parres, Ribadesella y Llanes (aunque estos dos últimos ya participan de las influencias de la zona de Villaviciosa).

Zona centro

El tipo de hórreo de tablas en vertical y cubierta a cuatro aguas, que es el propiamente asturiano, apenas sufre alteración alguna desde su aparición, hasta el siglo XX.

Ello nos confirma la teoría de que el «hórreo asturiano» nace en algún lugar del

A la hora de realizar cualquier tipo de estudio que trate, de forma global, sobre el hórreo en Asturias caeremos en cuenta de que los datos relativos al concejo de Villaviciosa se repiten excesivamente. Las referencias son tanto textuales como gráficas, relativas a los métodos de construcción como a los estilos decorativos, a las tallas como a las pinturas. Los ejemplares más antiguos están allí y en los concejos colindantes. Al igual que con el románico asturiano, si se quiere obtener la mayor información posible sobre el hórreo en un trabajo de campo no habrá otra alternativa que comenzar por este concejo.

Cervera, Cabranes.

En la página siguiente: **Sietes, Villaviciosa.**

centro de Asturias. Tiene una gran acogida y los ejemplares surgen en unos pocos años, difundiéndose por las zonas colindantes (centro y oriente) con gran rapidez. A medida que avanzamos hacia el occidente se aprecia que la penetración de este tipo de hórreo es más tardía, de modo que en el valle del río Ibias no hace su aparición hasta pleno siglo XVIII.

Los hórreos más antiguos que conocemos en Asturias son de fines del XIV y comienzos del XV, y los encontramos especialmente entre las riberas del Sella al Nalón, situándose el foco más rico en el concejo de Villaviciosa.

En general, se definen por un tamaño medio en la caja, oscilando entre los 5 y los 6 metros. *Les cureñes*, por su parte, alcanzan una altura entre 1 y 1,25, y el engarce suele realizarse a peine. En las esquinas llevan *engüelgos*.

La escuadría de las vigas es uniforme, quizás en algunos casos un poco mayor *les trabes*. Los pegollos son de madera (en casos, han sido sustituidos posteriormente por piedra arenisca), siempre de gran altura (2 m.) y salen del suelo del que están aislados por medio de una losa encajada en él. Las *muelas* o pegolleras, antiguamente de madera, han sido sustituidas por piedra arenisca.

Así aparecen en Villaviciosa, Piloña, Cabranes y Colunga. Algunos en Caravia y Ribadesella y en Laciana, Aller, Caso, Quirós, Teverga, Grao, Oviedo, Las Regueras, etc.

Se da la circunstancia de que los hórreos más antiguos, que en nuestra argumenta-

Cabeza de toca. Quintana, Gijón.

ción han de ser los que corresponden al momento de creación del tipo, presentan una riquísima ornamentación, a la que acompañan fechas y letreros que los sitúan en las postrimerías de la Edad Media.

A partir del siglo XVIII se observa un cierto cambio en la manera de construirlos, y ello se aprecia especialmente en los concejos con más ejemplares: Villaviciosa, Piloña, Cabranes y Colunga. Aparecen hórreos de mayores dimensiones y va a cambiar también el tipo de decoración. Les acompañan las primeras paneras, que apenas cambian la estructura del hórreo, pero que, al alargar su planta, ofrecen mayor capacidad de almacenaje. Es el momento en que los pegollos de madera comienzan a dejar paso a los de arenisca bien labrada.

Probablemente, el origen de la panera (allá por la segunda mitad del siglo XVII) se lo debamos a los monasterios e incluso a los grandes propietarios rentistas, que en estos momentos de auge ven necesario aumentar su capacidad de almacenaje.

Estas paneras son de gran tamaño, pero no se aprecia ninguna evolución ni elemento nuevo en su estructura. No suelen llevar corredor, a diferencia de lo que ocurre en el occidente de Asturias en esta misma época, y tampoco son muchos los que cuentan con el añadido posterior de él.

Las puertas están realizadas a base de tablones o peinazos ensamblados, que reciben entre sí cuarterones cuadrados o rectangulares, tallados con molduras en ángulos distintos para formar juegos de lunas y planos muy del gusto de la carpintería culta del siglo. Es en ellas donde se concentra la mayor parte de la decoración.

No hace falta insistir más en la idea de que el hórreo se difunde desde el centro de Asturias al extremo occidental. Una misma estructura que se adaptará a las particularidades zonales incorporando materiales de cubrición tradicionales en ellos y que pueden variar a la pizarra o a la paja.

Consideramos concejos de la zona central a: Cudillero, Muros de Nalón, Pravia, Soto del Barco, Castrillón, Illas, Candamo, Avilés, Gozón, Carreño, Corvera de Asturias, Gijón, Llanera, Las Regueras, Noreña, Oviedo, parte de Grao, Santo Adriano, Yernes y Tameza, Proaza, Teverga, Quirós, Riosa, Morcín, Lena, Aller, Mieres, Langreo, Ribera de Arriba, San Martin del Rey Aurelio, Laviana, Sobrescobio, Caso, Piloña, Nava, Bimenes, Cabranes, Sariego, Siero, Villaviciosa, Colunga y Caravia.

Panera. Villamayor, Piloña.

Estilo Villaviciosa

Recibe este nombre del concejo en que se encuentran buen número de hórreos decorados en los siglos XIV y XVI. Podemos considerar que entre ellos están los más antiguos datados hasta la fecha.

El área de aparición del estilo comprende todo el espacio entre los ríos Somiedo y Narcea, al oeste, y Sella, al este, aunque dentro de esta amplia demarcación se observan varios concejos en los que no aparecen hórreos de este estilo.

La decoración puede ser tallada o pintada. Ocupa los *liños* o vigas horizontalmente dispuestas sobre las paredes y, menos veces, se extiende por las *colondras*.

Es frecuente que en hórreos de *liños* tallados, las paredes estén pintadas con diver-

el de Piedrafita, ambos en Villaviciosa) nos sirven de punto de referencia a la hora de establecer cronologías comparativas con otros hórreos de la zona.

Al apuntar estas notas sobre los motivos decorativos, hemos mencionado el caso de encontrar cierto paralelismo entre los elementos decorativos del arte prerrománico y románico y los motivos populares. No podemos dejar de observar por ello la coincidencia no casual de la proximidad, no sólo en lo que a arte se refiere, entre monumentos de arte asturiano y románico y los ejemplares de hórreos tallados o pintados con motivos decorativos correspondientes al estilo Villaviciosa.

Así, los hórreos de Bedriñana y de La Pola se encuentran en las proximidades de la

En la página anterior: ***panera. Bandujo, Proaza.***

Motivos decorativos pintados estilo Villaviciosa. Anieves, Oviedo.

Liño tallado y arco abocinado. Busto, Villaviciosa.

sos motivos, aunque, debido al paso del tiempo y a la acción de agentes atmosféricos, sólo se conserven tenues vestigios del adorno original.

Podemos distinguir dos grandes grupos a partir de la técnica empleada: talla o pintura, cuya distribución espacial es distinta.

Hórreos tallados (zona oriental)

El foco principal se concentra en la zona sur del concejo de Villaviciosa, extendiéndose a los concejos de Gijón, Piloña y Cabranes; por otro lado, aparecen algunos ejemplos en Grado y Oviedo, hacia el oeste, Aller y Caso, hacia el sur, y Colunga, Ribadesella y Llanes, por la costa Este.

Al estar fechados algunos de ellos (1617, Lavandera, Gijón; 1505, el de Batón, y 1507,

Cruz. Detalle de talla en el liño. Poreño, Cabranes.

En la página siguiente: **puerta y arco abocinado. Busto, Villaviciosa.**

iglesia románica y prerrománica de San Andrés de Bedriñana. Los hórreos de Lloses (San Pedro de Ambás) y Vallinaoscura (Valdediós) próximos al monasterio prerrománico de San Salvador y al románico de Santa María de Valdediós. El de Fuentes, junto a la iglesia románica de San Salvador de Fuentes. Los de Batón, Busto y Paniceres, en los alrededores de la iglesia románica de Santa Magdalena de los Pandos. El de La Ribera (Puelles), al lado del monumento también románico de San Bartolomé de Puelles. El de La Barquera (Lugás), junto a la iglesia de Santa María de Lugás. Todos ellos en el concejo de Villaviciosa.

Dentro del concejo de Laviana, el hórreo de Llorío está en las proximidades de la iglesia románica de San Nicolás de Villoria.

En el concejo de Proaza, en Traslavilla, barrio de la capital del concejo, localizamos un ejemplar de hórreo estilo Villaviciosa a pocos kilómetros del monumento prerrománico de Santo Adriano de Tuñón, en el vecino concejo de Santo Adriano.

El monasterio prerománico de Santiago de Gobiendes, en el concejo de Colunga, tiene en sus aledaños el hórreo de Loroñe.

En el concejo de Piloña, los hórreos, ya desaparecidos, de Santianes (Berbio) y de El Valledal (Villamayor) se encontraban junto a la iglesia románica de San Juan de Berbio y a los restos del monasterio románico de Santa María de Villamayor. Y el hórreo de Beloncio, al lado de la iglesia románica de San Pedro de Beloncio.

En los hórreos correspondientes a este estilo se encuentran tallados, generalmente, dos *liños* (excepcionalmente los cuatro), siendo la fachada principal la que recibe un tratamiento especial. La decoración, puede extenderse a durmiente, cabezuelas de *liños* y *tocas*, siendo menos frecuente, aunque no por ello excepcional, en *engüelgos*, *colondras* y puertas.

Liños tallados.

Cobo Arias[31] establece el inicio de la decoración de los *liños* tallados a finales del XV, con florecimiento en el XVI y paulatino abandono en el XVII, en que empiezan a combinarse con motivos que serán clásicos en la segunda mitad del XVII.

Decoración recargada y abigarrada. Se concentra en los *liños*. Emplea la talla a bisel: a base de planos oblicuos que producen fuertes efectos de luz y de sombra, muchas veces acentuados por la policromía en blanco, rojo y negro. Lo más corriente

Decoraciones talladas y pintadas en el liño. Beloncio, Piloña.

Motivos radiales tallados en una colondra. Fuentes, Villaviciosa.

Liño tallado. Bedriñana, Villaviciosa.

es que no exista una composición definida. En este caso, los diversos motivos utilizados se combinan de varias formas.

– Los diseños más empleados son circulares:

- rosetas de seis o más pétalos;
- molinetes sencillos o dobles;
- estrellas;
- semicírculos de triangulillos o cuadraditos;
- también aparecen cuadrados rellenos de líneas verticales u horizontales, o de series de aspas, etc.

– Muchas veces se repiten motivos geométricos seriados: series de pequeñas aspas, de cuadraditos, de espinas de pez, sogueados, puntas de diamante.

– También aparecen otros motivos con mayor entidad y que los podemos clasificar en:

En la página siguiente: **aunque el proceso de cristianización tuvo lugar muchos siglos antes, los signos de origen pagano tienen todavía más vigencia que los religiosos, siendo los motivos astronómicos circulares relacionados con el sol los más frecuentes: trisqueles, tetrasqueles, discos, molinetes, etc., pero es la rosa hexapétala, popularmente llamada *flor galana*, la más representada.**

- místicos: cruces (generalmente formadas por triángulos truncados);
- zoomórficos: los más representados son aves (como la de Veneros, Caso) y serpientes (como la de Bedriñana, Villaviciosa). Ambos con un simbolismo, uno cristiano y otro no cristiano, del alma. Las serpientes desaparecen en el XVII, mientras que las aves (solas o enfrentadas) han perdurado hasta nuestros días. Señala Cobo Arias la aparición en el hórreo de Lloses (Villaviciosa) de una escena en la que participan felinos (leones) de ambos sexos, y comenta que aun siendo pretencioso darles actualmente una explicación, no podemos olvidar que desde la Edad Media se ha identificado al león con el sol;
- antropomórficos: excepcionalmente en el liño principal, el único tallado, del hórreo de Llorío (Laviana) aparece representada una escena erótica consistente en una mujer embarazada realizando la cópula, de pie, con dos hombres al mismo tiempo. Generalmente aparecen en cabezas de *liños* y, más raramente, en *colondras*, pero en Ribera (Villaviciosa) encontramos una escena en la que una mujer delante y un hombre detrás encuadran una roseta de seis pétalos.

Pero más interesante es la distribución del espacio de algunos *liños*:

Sobre la puerta de entrada, se talla un arco abocinado con varias arquivoltas escalonadas cuyos extremos se prolongan en cortas impostas.

Una cenefa en resalte recorre longitudinalmente todo el *liño*, y se ensancha en dos o tres puntos para formar cruces.

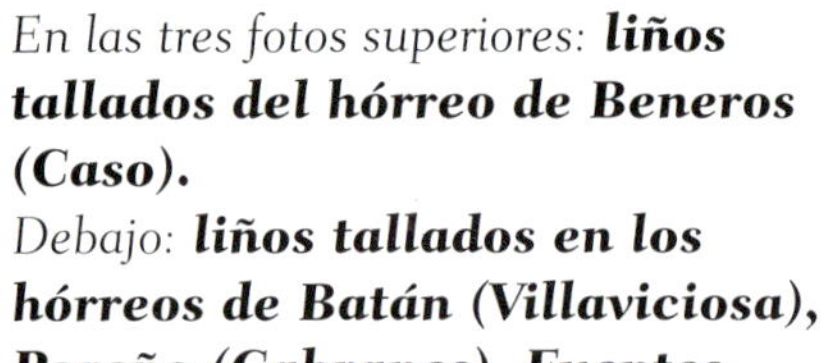
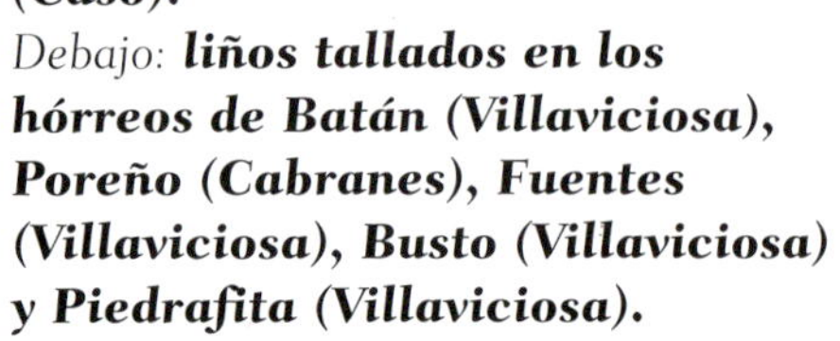

En las tres fotos superiores: **liños tallados del hórreo de Beneros (Caso).**
Debajo: **liños tallados en los hórreos de Batán (Villaviciosa), Poreño (Cabranes), Fuentes (Villaviciosa), Busto (Villaviciosa) y Piedrafita (Villaviciosa).**

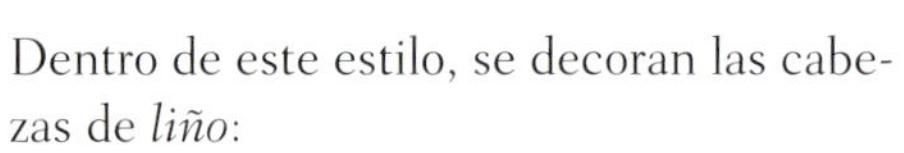

Esta disposición del arco abocinado y la forma de las cruces, que presentan, en ocasiones, gemas figuradas, está copiada de las portadas y decoraciones de iglesias románicas.

Cabezas de liños.

Hemos comentado que, a veces, la decoración aparece en otras partes del hórreo. Dentro de este estilo, se decoran las cabezas de *liño*:

– con motivos geométricos: en forma de modillones de rollo propios de la tradición mozárabe (Bedriñana, Villaviciosa) con dos series de profundas bandas verticales y vacío en el espacio intermedio (Cervera, Cabranes) y con rosetas o cruces en su parte inferior;

– con motivos antropomórficos: (se remiten a los concejos de Oviedo, Gijón, Villaviciosa y Colunga). En general ,se fechan desde finales del XVI a principios del XVIII (se han localizado algunos ejemplos de fines del XIX en Oviedo y Cangas del Narcea). Podemos recoger los de La Pipa y Salientes, en Gijón, Bedriñana (Villaviciosa), etc.

Cabezuelas de tocas.

Son frecuentes los diseños circulares: molinetes y rosetas hexapetales, y los diseños reticulares.

Durmientes.

En esta zona, los motivos son sogueados, puntas de diamante, espina de pez, taqueados, etc.

Talla en liño y puerta, con arco abocinado. Fuentes, Villaviciosa.

Arcos abocinados en los hórreos de Bedriñana (Villaviciosa), Llorío (Laviana), Bedriñana (Villaviciosa), Traslavilla (Proaza), Piedrafita (Villaviciosa), Beneros (Caso), Poreño (Cabranes), Batón (Villaviciosa) y Busto (Villaviciosa).

Colondras, engüelgos y puertas.

Sólo aparecen tallados en casos excepcionales.

Un precioso motivo circular a base de siete rosetas hexapetales (flor galana) aparece en la *colondra* de un hórreo de Beloncio; una representación antropomorfa aparece en otra del hórreo de Lloses (Villaviciosa), al tiempo que en un *engüelgo* de este mismo aparece una representación antropomorfa del sol.

Puertas.

Formadas por dos tablones de distinto ancho unidos por tornos, o atados –a partir de la segunda mitad del XVI– por listones

Sobre estas líneas: ***liños tallados en los hórreos de Piedrafita (Villaviciosa), Poreño (Cabranes), Busto (Villaviciosa), Traslavilla (Proaza), Cervera (Cabranes) y Llorío (Laviana).***

A la izquierda: ***puerta con arco abocinado en Lué (Colunga) y La Focella (Teverga).***

Liños con talla en sus cabezas. Bedriñana (Villaviciosa) y Cervera (Cabranes).

Rosa hexapétalas talladas en las colondras de los hórreos de Beloncio (Piloña) y Lloses (Villaviciosa).

clavados. No es corriente su talla. Cuando ésta aparece, se suele concentrar bien en motivos geométricos cruzados formando aspas (Busto, Villaviciosa) o bien en motivos religiosos, siendo un ejemplar especialmente interesante y significativo el de Fuentes (Villaviciosa), donde se contemplan cuatro tipos de cruces.

Hórreos pintados

Así decorados aparecen con especial profusión en el centro de Asturias, en las cuencas del Aller, Nalón, Teverga y Trubia.

En general, podemos hablar de diseños decorativos distintos a los tallados en cuanto a motivos generales, pero coincidentes en el carácter general del adorno. Los dibu-

jos se realizan a base de la demarcación del motivo por una fina línea de color que, posteriormente, se rellena con colores planos, blanco, negro-azulado y rojo.

Liños y *colondras* están cubiertos de dibujos, de casetones de series de triángulos entrelazados, de lineas en zigzag, de series de rectángulos, etc.

En las *colondras*, rosetas y molinetes, ocupan las esquinas (*engüelgos*), en tanto que figuras humanas y animales (muchas veces asociados a confusas escenas) se distribuyen por el resto.

Jinetes y sierpes son las figuras más repetidas, si bien no faltan personajes armados de espadas, picas y rodetes, ni leones o grifos.

Hórreo. Batón, Villaviciosa.

Muestras de decoración pintada en Vallinaoscura (Villaviciosa) y en Anieves (Oviedo).

Poco podemos precisar todavía acerca del significado de estas escenas.

Ambos tipos de decoración desaparecen aproximadamente al mismo tiempo, es decir, en la segunda mitad del XVI, aunque hay una serie de detalles que indican una mayor perduración de la pintura.

Lo que ocurre en Villaviciosa sí lo sabemos: a partir de la desaparición de las tallas, la decoración se empobrece, reduciéndose a unas molduras características sobre la puerta, propias del XVII, y a cruces y motivos aislados en el *liño*, tales como molinetes o vírgulas.

A partir del siglo XVIII, lo más destacable son sus puertas formadas por casetones, a veces labrados, y, a veces, bellas molduras en el *liño*.

La pintura utilizada sobre los liños, durmientes, enguelgos, colondras y, a veces, puertas es especialmente densa y blanca, sirviendo también para cubrir y tapar agujeros, grietas e imperfecciones de la madera. El dibujo se realizaba con un punzón y posteriormente se remarcaba con una línea de pintura. Por último, se utilizaban los colores negro, blanco, rojo y, en ocasiones, tierras y ocres. Los motivos son principalmente geométricos y, por lo general, se repiten los representados en la talla. También encontramos, aunque con menos frecuencia, elementos místicos, zoomorfos y antropomorfos.

Arcos abocinados tallados y pintados en Casomera (Aller) y Beloncio (Piloña).

Debajo: ***flor galana y liño pintados en Anieves, Oviedo.***

Es indudable que estas decoraciones forman parte de un lenguaje ya perdido o incomprensible para nosotros –sólo hay que recordar los múltiples paralelos existentes en todo el noroeste peninsular, tanto en épocas prehistóricas como medievales–.

Estilo Carreño

Hay una zona que por sus especiales características merece un apartado propio: este área se localiza en la costa central asturiana y alrededor del cabo Peñas, llegando por el sur hasta el concejo de Llanera, y tiene sus focos más destacados en los concejos de Carreño, Gijón y Gozón gracias a un

nutrido número de talleres carpinteros que actuaron en todo el siglo pasado.

Su aparición está en relación con el desarrollo agrario producido en la zona en el siglo XVIII, a raíz de la ocupación intensiva del territorio y de la consolidación de caserías de amplia producción y fuerte economía. Por otra parte, las necesidades de almacenamiento, cada vez mayores, obligan a la sustitución del hórreo por la panera, siendo corriente conservar los dos.

Como estilo decorativo, su interpretación es muy diferente al *Villaviciosa* y al *Allande*, aunque se desarrolla, como este último, desde mediados del XVIII hasta principios del XIX.

Hórreo. Beloncio, Piloña.

Panera tipo Carreño. El Cenizal, Llanera.

Ofrece conjuntos vistosos y llamativos de arte popular, al contar con tallas decoradas y pintadas en vivos colores.

La composición decorativa es la misma.

Las dos puertas que se abren en un costado de la panera están talladas en sus casetones con motivos florales esquematizados.

– La tabla intermedia de ambas ostenta un jarrón con flores, o un campo cuadrangular de apretada talla.

– Otras dos tablas, bordeando la puerta, también están talladas.

– En las paneras más ricas suele haber otro par de tablas decoradas en las esquinas.

Puertas de panera estilo Carreño. Solís (Corvera), Guimarán (Carreño), El Cenizal (Llanera) y Guimarán (Carreño).

Dos ejemplos de puerta tipo Carreño. La Mata (Grado) y Guimarán (Carreño).

Talla en colondra con fecha. El Cenizal, Llanera.
Talla y cerraduras. El Cenizal, Llanera.
Talla, cerraduras y tiradores. Guimarán, Carreño.

Debajo: ***colondras pintadas estilo Carreño. Guimarán, Carreño.***

Interior de panera. Guimarán, Carreño.

– Suelen aparecer tablas adornadas en medio de cada costado corto y con una característica ventanita de forma cuadrada con los ángulos recortados en un cuarto de círculo.

En medio de la ornamentación se colocan diversas invocaciones religiosas, la fecha de su construcción y, raras veces, el nombre del carpintero.

Los diseños que se tallan son diversos, pero reducibles a varios grupos, y, pese a su aparente complejidad, se limitan a unos elementos básicos que se combinan entre sí, dando lugar a gran variedad de formas.

La decoración puede ser tallada, pintada o, las más de las veces tallada y pintada al mismo tiempo.
La utilización como soporte de las colondras, las puertas con sus cuarterones y las ventanas de ventilación, hace que las formas cuadradas o rectangulares sean determinantes en la composición y ordenación de los elementos decorativos.
La iconografía cede espacio a la palabra. Los textos tallados y pintados hacen referencia al tiempo de la edificación, incluso al de la reconstrucción, al propietario y al carpintero, pero principalmente a temas de carácter religioso: «ave María purísima, sin pecado concebida», «Viva Jesús y María», «JHS», etc.

El protagonismo religioso es mucho mayor. Tanto en imágenes como en textos. Aunque frecuentemente inscritos en formas cuadradas o rectangulares, los signos astronómicos circulares, motivos solares, que veíamos en el estilo Villaviciosa, se repiten en este nuevo estilo. Los motivos mágicos que, en la noche de los tiempos, generaron estos símbolos ya han sido olvidados. La función mágico-religiosa, no solamente no se recuerda, incluso se desconoce, pero ha quedado su representación gráfica pasando a formar parte fundamental del bagaje iconográfico tradicional asturiano.

Panera tipo Carreño. Cenero, Gijón.

Éstos son:
– motivos vegetales;
– jarrones con flores;
– motivos geométricos;
– figuras de animales;
– representaciones religiosas;
– fachadas de edificios.

Dado el cuantioso número de obras del estilo, no es sencillo establecer una evolución tan clara como la de *Allande*, debido a las distintas calidades de las manos, en función de la habilidad del carpintero.

Aun así, se sabe que en las últimas décadas del XVIII se tallan los conjuntos de mejor

traza y de labra, en ocasiones excelente, aún con resabios e influencias procedentes del arte barroco.

Empobrecida la labor en el tramo central del siglo XIX, los años finales conocen de nuevo el buen hacer de varios carpinteros, con talla sencilla, pero muy elegante.

Nuestro siglo, determinado por el proceso de desarrollo industrial que encarece el precio de la mano de obra y en el que las funciones decorativas pasan a segundo plano, produce un trabajo de talla pobre y casi sólo recuerdo de épocas anteriores.

Panera tipo Carreño. Solís, Corvera.

Distintos motivos decorativos en paneras de Guimarán, Carreño.

Debajo: **panera tipo Carreño en San Jorge de Heres, Gozón.**

En la página siguiente: **hórreo. San Emiliano, Allande.**

Extremo occidental

En la zona occidental acudimos a un doble fenómeno que aporta excepcional interés a los graneros en general: por un lado, el sector del noroeste asturiano se ha visto durante siglos bajo la influencia de la villa y puerto de Mondoñedo y Ribadeo, apareciendo con ello el hórreo gallego, llamado en Asturias *cabazo*, que entra en convivencia con el asturiano; aunque a veces su presencia es casi exclusiva en varios concejos:

– Así, el *cabazo tipo Ribadeo* (con lados costales de piedra) penetra en cuña por la costa alcanzando los concejos de Vegadeo, Castropol, Tapia, El Franco, Coaña, Navia y Luarca.

– Por su parte, el *cabazo tipo Mondoñedo* (algo mayor y con lados costales de madera), se interna por la cuenca del río Eo hasta los concejos de Taramundi y San Tirso de Abres, y por la del río Navia hasta los de Coaña, Boal e Illano.

A este predominio cultural, añadiremos la especial adaptación del *cabazo* al secado y almacenaje del maíz, cultivo intensivo en este área.

Por otro lado, el hórreo asturiano va a ser predominante en el interior montañoso, extendiéndose por tierras lucenses y leonesas, precisamente allí donde el cultivo del maíz tuvo menor repercusión y predomina el centeno, y donde, por sus múltiples funciones, se adaptaba mejor a las necesidades de sus habitantes. Así, aparece en los concejos gallegos de Puente Nuevo, Ribeira de Piquín, Negreira de Muñiz, Fonsagrada, Navia de Suarna, Cervantes y

Cabazo tipo Mondoñedo. San Esteban de los Buitres, Illano.

Cabazo tipo Ribadeo. Andés, Navia.

Hórreo. Aguillón, Taramundi.

Cabazo tipo Mondoñedo.
Cereigido, Vegadeo.

Cabazo tipo Mondoñedo en Cereigido (Vegadeo).

Derecha: **cabazos tipo Mondoñedo. Cereigido (Vegadeo) y Cartavio (Coaña).**

Becerreá. A ello uniremos, como en el caso anterior, pero a la inversa, un fuerte dominio cultural: los grandes arciprestazgos de Burón, Navia del Suarna y Grandas de Salime pertenecieron hasta 1954 a la diócesis de Oviedo, lo mismo que Babia, Laciana y Oumaña, lo cual contribuyó, sin duda, a la introducción del hórreo asturiano, generalmente, con cubierta de paja.

La zona occidental va a desarrollar, a partir del siglo XVIII, una gran actividad en cuanto a la construcción de paneras. Ello es debido, por un lado, a la tardía difusión del hórreo por aquel territorio (en la zona centro, al estar muy consolidada la población de hórreos, la construcción de paneras es mucho menor) por otro lado, a su mayor capacidad, que las hacía más apropiadas en cuanto que era un momento de expansión del cultivo del maíz. Esta zona, especialmente los concejos de Tineo, Cangas del Narcea y Pola de Allande, se verá además enriquecida por el desarrollo de un personalísimo estilo decorativo llamado *Allande*.

Grosso modo, consideramos occidentales los concejos de: Tapia de Casariego, El

En la página siguiente: **cabazo tipo Ribadeo. Las Cortinas, Andés (Navia).**

Arriba: **hórreo con cubierta de pizarra, Santa Eufemia (Villanueva de Oscos), hórreos con cubierta vegetal, Morlongo (Villanueva de Oscos) y Fonsagrada (Lugo).**

A la derecha: **detalle de apoyo y subidoria. Fonsagrada, Lugo.**

En la página siguiente: **hórreo con cubierta de pizarra. Santa Eufemia, Villanueva de Oscos.**

Franco, Coaña, Navia, Castropol, Vegadeo, San Tirso de Abres, Boal, Taramundi y Villanueva de Oscos, en los que no aparece la decoración del estilo allandés, mientras que en los de Allande, Villayón, Illano, San Martín de Oscos, Santa Eulalia de Oscos, Grandas de Salime, Pesoz, Ibias, Cangas del Narcea, Degaña, Somiedo, Tineo, Belmonte de Miranda, Grado (que también participa de la influencia de la tradición de la zona centro), Salas y Valdés, los hórreos y las paneras, aún presentando características constructivas particulares en cuanto a tipos de cubierta, tienen en común el mismo tipo de decoración que venimos denominando *estilo Allande*, y que analizaremos a continuación.

Hórreos con cubierta de pizarra. Teixois (Taramundi) y Andés (Navia).
Hórreo con cubierta vegetal. Degaña (Degaña).

En la página siguiente: **hórreo. Tormaleo (Ibias).**

Estilo Allande

El que conocemos como tercer gran foco de un estilo decorativo en hórreos y paneras con personalidad propia se extiende por los concejos de Tineo, Pola de Allande y Cangas del Narcea. Curiosamente, este estilo va parejo al desarrollo en esta zona de las grandes paneras, lo cual incide en la creencia de la no existencia de hórreos en época anterior, o ser muy menguada. A partir del siglo XVIII, el cultivo del maíz está en expansión y ello redunda en los beneficios agrícolas.[32]

Los motivos que se tallan tienen en común el estar formados por un gran círculo que lleva inscritos distintos motivos geométricos. Éstos se reducen a seis modelos: rosetas (con seis pétalos), tetrasqueles (cuatro vírgulas girando dentro del círculo),

radiales (rectos o curvos), caras (formadas por el círculo y señalando boca, nariz y ojos, a veces con tocado); también a parecen juegos de diseño en los que la matriz es el círculo, surgiendo juegos de círculos, arcos y entrelazos; y por último, son especialmente llamativos los relojes, esferas perfectamente dibujadas con sus horas, llegando a aparecer la figura completa de un reloj de pared.

En estos motivos (salvo el reloj, de carácter muy puntual) se rastrea una ornamentación cargada de simbolismo y con raíces en el arte popular europeo, careciendo, en

Panera. Linares, Allande.

En la página anterior: ***elementos decorativos circulares en Celón y Villaverde, Allande.***

Arriba: **trisquel, Linares (Allande), tetrasquel, Otero (Allande) y tetrasquel, San Emiliano (Allande).**

A la derecha: **elementos antropomorfos, Linares (Allande).**

principio, de las influencias del arte culto. A pesar de su carácter popular, es posible que, ya en el momento de su ejecución, ni el mismo artífice conociera plenamente sus significados.

Los carpinteros que los realizaron utilizaban fundamentalmente el compás y la escuadra, y si bien la talla era al principio a bisel y profunda, a lo largo del siglo XIX sufre un aplanamiento que desemboca en el empobrecimiento del estilo.

El proceso de desintegración pasa primero por acompañar la obra con la fecha de construcción y, parejo, el nombre del carpintero. Ya en una última faceta y también como consecuencia del desarrollo del corredor, que impide ver los dibujos de las *colondras*, el artista se centrará más en ornar éste y, así, surgen una gran variedad de formas en los balaustres que, torneados o recortados en la madera, pasarán a ser el centro de atención.

Cuélebre y cabeza de liño. Linares, Allande.

Si bien en el estilo Villaviciosa y en el estilo Carreño los motivos decorativos circulares, relacionados con el sol, eran frecuentes, aquí lo son más aún, siendo por ello los más importantes. Tetrasqueles, molinetes, trisqueles, rosas hexapétalas, caras representando el sol e incluso relojes. A estos motivos añadiríamos, aunque mucho menos abundantes, otras representaciones zoomorfas y antropomorfas.

En la página siguiente: **hórreo. San Emiliano, Allande.**

NOTAS

[26] GRAÑA GARCÍA, A.; LÓPEZ ÁLVAREZ, J.: «Dos nuevas vías para el estudio del hórreo asturiano: una hipótesis sobre su origen y una clasificación de sus decoraciones» en *Hórreos y palafitos de la Península Ibérica*, E. Frankowski, Istmo, 1986, p. 455-509.

[27] COBO ARIAS, F.; CORES RAMBAUD, M.; ZARRACINA VALCARCE, M.: obra citada.

[28] DECHELETTE, J.: *Le Swastica*. Man. D'Archeolg. Prehist. n.º II.

[29] PALACIOS GROS, V.: *El hórreo. Las construcciones rurales en la comarca de Cangas de Onís*, BIDEA, n.º XXIX, Oviedo, 1966.

[30] MAÑANA VÁZQUEZ, G.: *Entre los Beyos y el Ponga. El Cordal del Colláu Zorru*, Caja de Ahorros de Asturias, 1988, p. 115.

[31] COBO ARIAS, F. y otros: obra citada.

[32] GRAÑA LÓPEZ, A.; LÓPEZ, J: *Hórreos y paneras del concejo de Allande (Asturias): evolución y motivos decorativos*, Oviedo, Biblioteca Popular Asturiana, 1983.

Anexo

Explica Efrén García Fernández, en el libro *Hórreos, Paneras y Cabazos Asturianos*, cómo el interés que despertó la promulgación del decreto de tutela por el Estado (1973) del granero asturiano dio lugar a la elaboración de dos censos que tenían distinta perspectiva. La Delegación Provincial de Educación y Ciencia se ocupaba más de la titularidad, antigüedad, características constructivas, etc. (tenía al frente a Magín Berenguer Alonso), mientras que el elaborado por la Delegación de Información y Turismo, con Francisco Serrano Castilla al frente, se ocupaba de la situación, estado de conservación, etc.

Tal y como fueron elaborados (por encuesta directa a los ayuntamientos por medio de un cuestionario), no son en absoluto fiables, sobre todo en cuanto a la datación de dichas construcciones, donde, asombrosamente, las vemos aparecer en los siglos XII y XIII con una alegría envidiable. Aun así, es base fundamental para un estudio comparativo respecto a años posteriores en los casos que existan estudios monográficos. Efrén García ya confrontó estas cifras con las que aportaba el Marqués de la Ensenada en la mitad del siglo XVIII, y, aunque faltan muchos datos, entendemos de interés la relación de

Hórreo. Cirieño, Amieva.

En la página siguiente: **hórreo. San Emiliano, Allande.**

Único concejo de la zona centro-oriental donde los hórreos tienen la cubierta de pizarra. Villar, Aller.

En la página siguiente: ***Agüerina, Belmonte de Miranda.***

estos censos en cuanto significan un punto de partida comparativo para la elaboración de un estudio de carácter histórico.

AMIEVA

Catastro del Marqués de la Ensenada: 210 hórreos.

Censo MEC: 27 hórreos, 154 paneras.

Antigüedad > 100 años: 27 hórreos y 154 paneras.

Comprende todo el municipio.

Parroquias:

Mián: 7 hórreos, 54 paneras

Sebarga: 6 hórreos, 57 paneras

Beyos: 9 hórreos
Argolibio: 4 hórreos, 29 paneras
Amieva: 9 hórreos, 14 paneras.

ALLANDE
Sin clasificar.

ALLER
Censo MEC: 361 hórreos y 93 paneras.
Antigüedad > 100 años: 361 hórreos y 93 paneras.
No incluye la parroquia de Santibáñez de Murias.
La totalidad figura con antigüedad superior a cien años.

AVILÉS
Censo MIT: 155 hórreos y 63 paneras.
No incluye las parroquias de Avilés, Dársena, Laviana y Villa. Tampoco precisa si comprende otras localidades que no aparecen citadas.
El censo parcial del MEC consigna un hórreo del siglo XII, otro del XIV, un hórreo y una panera del XV, dos unidades del XVII y nueve del XVIII.
Parroquias:
San Cristóbal: 54 hórreos, 6 paneras
Navarro: 28 hórreos, 18 paneras
Llaranes: 6 hórreos, 6 paneras
La Magdalena: 13 hórreos, 5 paneras
Miranda: 40 hórreos, 12 paneras
La Luz: 6 hórreos, 7 paneras
Villalegre: 8 hórreos, 7 paneras

BELMONTE DE MIRANDA
Sin clasificar.

BIMENES
Sin clasificar.

BOAL
Catastro del Marqués de la Ensenada: 692 hórreos; 1 en ruinas.
Censo MEC: 129 hórreos y 78 paneras.
Antigüedad > 100 años: 120 hórreos y 70 paneras.

CABRALES
Catastro del Marqués de la Ensenada: 40 hórreos, 8 hórreos en ruinas.

CABRANES
Catastro del Marqués de la Ensenada: 290 hórreos y 102 paneras.

Poreño, Cabranes.

En la página anterior: ***cabazo tipo Mondoñedo. Boal.***

San Román de Candamo, Candamo.

En la página siguiente: **Vega del Hórreo, Cangas de Narcea.**

Censo MEC: 205 hórreos y 132 paneras.
Antigüedad >100 años: 188 hórreos y 125 paneras.
Comprende la demarcación municipal.
Parroquias: Viñón: 41 hórreos, 26 paneras
Pandenes: 21 hórreos, 11 paneras
Fresnedo: 56 hórreos, 33 paneras
Cabranes: 41 hórreos, 45 paneras
Gramedo: 8 hórreos, 7 paneras
Torazo: 38 hórreos, 15 paneras

CANDAMO
Catastro del Marqués de la Ensenada: 285 hórreos, 20 paneras, 1 en ruinas.

Censo MEC: 520 hórreos, 111 paneras.
Antigüedad > 100 años: 510 hórreos y 107 paneras.
Comprende todo el territorio municipal.
Se consigna un hórreo del siglo XV, diez del XVI, 258 del XVII, y 187 del XVIII.
La totalidad está cubierta con teja.
Se constata que sólo hay una panera en Fenolleda que cuenta con datos históricos.
Parroquias:
Ventosa: 77 hórreos, 25 paneras
Valle: 58 hórreos, 14 paneras
Fenolleda: 43 hórreos, 8 paneras
San Román: 70 hórreos, 11 paneras
San Tirso: 40 hórreos, 5 paneras
Aces: 28 hórreos, 1 panera
Llamero: 49 hórreos, 21 paneras
Grullos: 35 hórreos, 5 paneras
Murias: 71 hórreos, 12 paneras
Prahúa: 22 hórreos, 8 paneras
Cuero: 27 hórreos , 1 panera

CANGAS DE NARCEA
Sin clasificar.

CANGAS DE ONÍS
Catastro del Marqués de la Ensenada: 492 hórreos, 29 paneras, 2 en ruinas.

CARAVIA
Catastro del Marqués de la Ensenada: 104 hórreos y 14 paneras.

CARREÑO
Censo MIT: 326 hórreos y 251 paneras.
No incluye la parroquia de Valle.
Parroquias:
Candás: 5 hórreos, 8 paneras
Piedeloro: 10 hórreos, 25 paneras

Coyanca: 17 hórreos, 32 paneras
Perlora: 45 hórreos, 32 paneras
Albandi: 18 hórreos, 6 paneras
Carrió: 8 hórreos, 5 paneras
Pervera: 21 hórreos, 10 paneras
Prendes: 21 hórreos, 13 paneras
Guimarán: 62 hórreos, 25 paneras
Logrezana: 30 hórreos, 49 paneras
Ambás: 29 hórreos, 16 paneras
Tamón: 69 hórreos, 30 paneras

CASO
Catastro del Marqués de la Ensenada: 52 hórreos.

Guimarán, Carreño.

En la página anterior: **Corao Castillo, Cangas de Onís.**

Caleao, Caso.

En la página siguiente: ***cabazo tipo Ribadeo. La Línea, Castropol.***

CASTRILLÓN

Catastro del Marqués de la Ensenada: 248 hórreos, 13 paneras, 3 en ruinas.

Censo MEC: 365 hórreos, 98 paneras.

Antigüedad > 100 años: 130 hórreos y 25 paneras.

Comprende todo el ayuntamiento.

Se detalla un hórreo del siglo XIV, tres del XVI, seis del XVII y diecisiete del XVIII, los cuales son hórreos en su mayor parte.

Parroquias:

Bayas: 18 hórreos, 8 paneras

Naveces: 49 hórreos, 2 paneras

Laspra: 61 hórreos, 13 paneras

Coceña, Colunga.

Salinas: 13 hórreos, 4 paneras
Monte: 32 hórreos, 8 paneras
Guiloño: 89 hórreos, 18 paneras
Pillarno: 108 hórreos, 45 paneras

CASTROPOL
Sin clasificar.

COAÑA
Sin clasificar.

COLUNGA
Censo MIT: 351 (hórreos y paneras).
Predominio de las cubiertas de teja.
Parroquias: Luces: 24 hórreos

Lastres: 5 hórreos
La Llera: 8 hórreos
Lué: 27 hórreos, 7 paneras
Pernús: 3 hórreos, 14 paneras
Sales: 15 hórreos, 3 paneras
Duz: 25 hórreos, 7 paneras
Colunga: 10 hórreos, 3 paneras
La Isla: 9 hórreos, 4 paneras
Gobiendes: 34 hórreos, 1 panera
La Riera: 26 hórreos
Carrandi: 29 hórreos, 1 panera
Libardón: 37 hórreos, 37 paneras
Pivierda: 18 hórreos, 3 paneras

Solís, Corvera.

Ballota, Cudillero.

CORVERA DE ASTURIAS
Censo MEC: 311 hórreos, 101 paneras.
Antigüedad > 100 años: 251 hórreos y 76 paneras.
Comprende todas las parroquias del ayuntamiento.
Se cita un hórreo del siglo XIII, diez del XVII y 76 del XVIII.
Parroquias:
Trasona: 54 hórreos, 19 paneras
Villa: 27 hórreos, 6 paneras
Molleda: 63 hórreos, 28 paneras
Cancienes: 80 hórreos, 35 paneras
Solís: 88 hórreos, 18 paneras

CUDILLERO
Catastro del Marqués de la Ensenada: 602 hórreos y 22 paneras.

DEGAÑA
Sin clasificar.

FRANCO, EL
Censo MEC: 1 hórreo, 2 paneras, 51 cabazos.
Antigüedad > 100 años: 7 cabazos.
Datos de todo el término municipal.
Cita un hórreo del año 1900, en buen estado de conservación, y siete cabazos que superan un siglo de antigüedad.
Cubiertas de pizarra.
Parroquias:
Valdepares: 5 cabazos
Mohices: 8 cabazos, 1 hórreo
Miudes: 8 cabazos
Prendones: 10 cabazos
Villarmarzo: 6 cabazos

En la página siguiente: **Degaña, Degaña.**

Bañugues, Gozón.

Arancedo: 5 cabazos
La Braña: 8 cabazos
Lebredo: 1 cabazo, 2 paneras

GIJÓN
Sin clasificar.

GOZÓN
Censo MEC: 333 hórreos, 234 paneras.
Antigüedad > 100 años: 268 hórreos y 147 paneras.
Comprende todo el municipio.
Se precisa la existencia de dos hórreos del siglo XIV, tres unidades del XV y otras tres del XVI.
La totalidad está cubierta con teja.
Situación: en plaza, 30 %; en corral, 23 %; resto, 47 %.
Parroquias: Viodo: 25 hórreos, 21 paneras
Bañugues: 49 hórreos, 6 paneras
Verdicio: 15 hórreos, 21 paneras
Podes: 45 hórreos, 38 paneras
Laviana: 12 hórreos, 16 paneras
Manzaneda: 19 hórreos, 24 paneras
Ambiedes: 20 hórreos, 10 paneras
Vioño: 11 hórreos, 15 paneras
Heres: 12 hórreos, 3 paneras
Nembro: 21 hórreos, 2 paneras
Luanco: 38 hórreos, 16 paneras
Bocines: 30 hórreos, 41 paneras
Cardo: 41 hórreos, 16 paneras

GRADO
Sin clasificar.

GRANDAS DE SALIME
Sin clasificar.

En la página siguiente: **Quintana, Gijón.**

Sama de Grado, Grado.

En la página siguiente: **Padraira, Grandas de Salime.**

IBIAS. Sin clasificar.

ILLANO. Sin clasificar.

ILLÁS

Catastro del Marqués de la Ensenada: 185 hórreos y 7 paneras.

LANGREO

Censo MEC: 74 hórreos y 35 paneras.

Antigüedad > 100 años: 69 hórreos y 35 paneras.

Comprende todas las parroquias del término municipal.

Siete corresponden al XVII y treinta al XVIII.

Escobio, Langreo.

En la página siguiente: ***San Clemente, Ibias.***

Se recogen las siguientes notas: «las paneras están divididas como consecuencia de particiones familiares», «estos hórreos se encuentran totalmente reformados, utilizándose para viviendas».

LAVIANA

Censo MEC: 26 hórreos y 7 paneras.

Antigüedad > 100 años: 26 hórreos y 7 paneras.

No comprende las parroquias de Entralgo, Pola y Tolivia.

Todos superan la antigüedad de cien años.

Iguanzo, Laviana.

Llorío, Laviana.

Cubiertas de teja.
Parroquias:
Tiraña: 5 hórreos, 3 paneras
Carrio: 1 hórreo
Condado: 19 hórreos, 3 paneras
Lorio: 1 hórreo
Villoria: 1 panera

LENA
Censo MEC: 269 hórreos, 33 paneras.
Antigüedad > 100 años: 268 hórreos y 33 paneras.
No incluye las parroquias de Campomanes, Congostinas y San Miguel del Río.
Se detallan diez unidades del siglo XVI, siete del XVII y 53 del XVIII.
Parroquias:
Muñón Cimero: 39 hórreos, 3 paneras
Villallana: 7 hórreos, 3 paneras
Carabanzo: 6 hórreos
Pola: 36 hórreos, 3 paneras
Columbiello: 3 hórreos
Castiello: 12 hórreos, 2 paneras
Felgueras: 16 hórreos
Casorvida: 3 hórreos
Zureda: 27 hórreos, 1 panera
Sotiello: 6 hórreos, 1 panera
Herías: 12 hórreos, 1 panera
Las Puentes: 8 hórreos
Parana: 1 hórreo, 1 panera
Jomezana: 36 hórreos, 1 panera
Piñera: 21 hórreos, 8 paneras
Cabezón: 3 hórreos, 1 panera
Llanos: 12 hórreos
Payares: 10 hórreos
Telledo: 22 hórreos, 8 paneras
Tuiza: 4 hórreos

El Cenizal, Llanera.

LLANERA
Censo MEC: 701 hórreos, 199 paneras.
Antigüedad > 100 años: 695 hórreos y 197 paneras.
Se consignan dos unidades del siglo XVII y cerca de quinientas del XVIII.
Parroquias:
Santa Cruz: 70 hórreos, 27 paneras
Arlós: 84 hórreos, 35 paneras
Ferroñes: 39 hórreos, 10 paneras
Villardeveyo: 85 hórreos, 14 paneras
Pruvia: 70 hórreos, 15 paneras
Lugo: 119 hórreos, 29 paneras
Cayés: 46 hórreos, 3 paneras
Ables: 34 hórreos, 16 paneras
Rondiella: 50 hórreos, 4 paneras
San Cucao: 67 hórreos, 45 paneras
Bonielles: 47 hórreos, 11 paneras

LLANES
Sin clasificar.

MIERES
Censo MIT: 233 hórreos y 23 paneras.
No están incluidas las parroquias de La Peña, La Rebollada y Santullano.
La antigüedad se indica globalmente, así, para Urbiés: «en algunos casos rebasa de trescientos años». En otros se concreta, como en Ablaña de Abajo, hay una panera con la inscripción: «Vizarria. Año 1788».
En Carcarosa «algunos tienen cunado hace siglos el ruxior o regidor convocaba a los vecinos debajo del hórreo a conceyu para realizar sextaferias».
Parroquias:
Baíña: 23 hórreos, 3 paneras

Meré, Llanes.

Matielles, Mieres.

En la página siguiente: ***El Golgón, Morcín.***

Lloreo: 40 hórreos, 4 paneras
Siana: 6 hórreos
Mieres: 5 hórreos, 1 panera
Santa Rosa: 11 hórreos, 3 paneras
Urbiés: 36 hórreos, 2 paneras
Carcarosa: 10 hórreos
Turón: 31 hórreos, 2 paneras
Figaredo: 30 hórreos, 3 paneras
Ujo: 12 hórreos
Valdecuna: 18 hórreos, 2 paneras
Gállegos: 11 hórreos, 3 paneras

MORCÍN
Sin clasificar.

MUROS DEL NALÓN
Catastro del Marqués de la Ensenada: 147 hórreos, 3 paneras y 3 en ruinas.
Censo MEC: 103 hórreos y 25 paneras.
Antigüedad > 100 años: 98 hórreos y 23 paneras.
Comprende la totalidad del término municipal. Se precisa la existencia de 12 unidades del siglo XVII, y 75 del XVIII.

NAVA
Censo MEC: 176 hórreos y 70 paneras.
Antigüedad > 100 años: 176 hórreos y 70 paneras.
Incluye todas las parroquias.
Se precisa dos unidades del siglo XII, tres del XIII, cinco del XIV, nueve del XV, diez del XVI, sesenta del XVII y ochenta del XVIII.

NAVIA
Sin clasficar.

Panera construida en 1815 y restaurada en 1939. Vegadali, Nava.

En la página siguiente: ***Teifaros, Navia.***

NOREÑA

Censo MEC: 16 hórreos 4 paneras.

Antigüedad > 100 años: 14 hórreos y 3 paneras.

No comprende las parroquias de Celles y Santa Marina.

Se precisa once del siglo XVIII.

ONÍS

Catastro del Marqués de la Ensenada: 62 hórreos, 2 paneras.

Censo MEC: 10 hórreos, 58 paneras.

Antigüedad > 100 años: 10 hórreos y 58 paneras.

Comprende todas las parroquias.

Paniceres, Oviedo.

Se precisa la existencia de cinco unidades del siglo XVII y treinta unidades del siglo XVIII.

Parroquias:

Onís: 2 hórreos, 27 paneras

Robellada: 1 hórreo, 2 paneras

Bobia: 7 hórreos, 29 paneras

OVIEDO

Catastro del Marqués de la Ensenada: 881 (hórreos y paneras).

Censo MEC: 584 hórreos, 241 paneras.

Antigüedad > 100 años: 557 hórreos y 215 paneras.

No incluye las parroquias de Arcos, Box,

Colloto, Limanes, Nora, Oviedo, Pando, Pereda, Pintoria, Prados, Santianes, Sograndio y Villapérez.

Figuran independientemente: Priañes (Nora), Pontón de Vaqueros y La Corredoria (Oviedo).

Parroquias: Brañes: 29 hórreos, 13 paneras

Loriana: 17 hórreos, 9 paneras

Lillo: 7 hórreos

Naranco: 3 hórreos

Corredoria: 1 hórreo

Pontón Vaqueros: 3 hórreos

Nora: 10 hórreos, 8 paneras

San Claudio: 65 hórreos, 28 paneras

Las Caldas, Oviedo.

Único hórreo del concejo. Ruenes, Peñamellera Alta.

En la página siguiente: **San Juan de Parres, Parres.**

Udrión: 10 hórreos, 3 paneras
Godos: 10 hórreos, 3 paneras
Trubia: 104 hórreos, 35 paneras
Caces: 46 hórreos, 9 paneras
Puerto: 26 hórreos, 6 paneras
Piedramuelle: 18 hórreos, 5 paneras
Latores: 55 hórreos, 14 paneras
La Manjoya: 15 hórreos, 6 paneras
Cruces: 25 hórreos, 10 paneras
Manzaneda: 12 hórreos, 21 paneras
Bendones: 11 hórreos
Naves: 11 hórreos, 4 paneras
Tudela Veguín: 16 hórreos, 6 paneras
Tudela Agüeria: 7 hórreos, 15 paneras

Sorribes, Piloña.

Olloniego: 20 hórreos, 24 paneras

PARRES
Sin clasificar.

PEÑAMELLERA BAJA
Censo MIT: 0.
Comprende la totalidad del término municipal.
No hay ninguna panera. Hace años existían tres hórreos, ya desaparecidos.

PEÑAMELLERA ALTA
Censo MIT: 2.
Incluye la totalidad del término.
Parroquias:
Ruenes: 1 hórreo («sus características demuestran bastante antigüedad»).
Alles: 1 panera.
Cubiertas de teja.

PILOÑA
Catastro del Marqués de la Ensenada: 1.039 hórreos, 220 paneras, 24 en ruinas.
Censo MIT: 713 hórreos y 256 paneras.
Comprende todas las parroquias del municipio.
Parroquias:
Coya: 24 hórreos, 10 paneras
Lodeña: 13 hórreos, 1 panera
Anayo: 31 hórreos
Pintueles: 44 hórreos, 6 paneras
Villa: 37 hórreos, 16 paneras
Borines: 48 hórreos, 18 paneras
Miyares: 31 hórreos, 14 paneras
Cereceda: 44 hórreos, 13 paneras
Sorribas: 18 hórreos, 6 paneras
Sevares: 56 hórreos, 19 paneras

En la página siguiente: ***Bierces, Piloña.***

Hórreo a tres aguas. San Ignacio, Ponga.

Montes: 18 hórreos, 12 paneras
Villamayor: 49 hórreos, 16 paneras
Valle: 40 hórreos, 8 paneras
Infiesto: 38 hórreos, 7 paneras
Berbio: 26 hórreos, 1 panera
Beloncio: 50 hórreos, 45 paneras
Maza: 19 hórreos, 13 paneras
Artedosa: 24 hórreos, 13 paneras
La Marea: 11 hórreos, 10 paneras
Tozo: 2 hórreos, 8 paneras
Sellón: 14 hórreos, 6 paneras
Espinaredo: 45 hórreos, 14 paneras

PONGA

Catastro del Marqués de la Ensenada: 243 hórreos, 23 paneras, 34 en ruinas.
Censo MEC: 136 hórreos, 8 paneras.
Antigüedad > 100 años: 135 hórreos y 8 paneras.
Incluye la totalidad del territorio municipal. Se consigna un hórreo del siglo XV, dos del XVI, trece unidades del XVII y 114 del XVIII.

Parroquias:
Cazo: 22 hórreos
Carangas: 5 hórreos
Taranes: 21 hórreos
Abiegos: 9 hórreos, 3 paneras
Beleño: 27 hórreos, 1 panera
Beyos: 9 hórreos
Casielles: 9 hórreos
Viego: 17 hórreos, 4 paneras
Sobrefoz: 17 hórreos

PRAVIA

Catastro del Marqués de la Ensenada: 702 (hórreos y paneras).

En la página siguiente: **Viego, Ponga.**

Santianes, Pravia.

En la página siguiente: **Bandujo, Proaza.**

PROAZA

Catastro del Marqués de la Ensenada: 172 hórreos, 42 paneras, 3 en ruinas.

Censo MEC: 138 hórreos, 70 paneras.

Antigüedad > 100 años: 135 hórreos y 69 paneras.

Figuran la totalidad de las parroquias del municipio.

Se hace referencia a 32 unidades del siglo XVII y a otras tantas del XVIII.

La totalidad está cubierta con teja.

Parroquias:

Linares: 6 hórreos, 2 paneras

Proaza: 28 hórreos, 6 paneras

Villamejín: 37 hórreos, 13 paneras

Sograndio: 13 hórreos, 11 paneras

Proazina, Proaza.

Proacina: 7 hórreos, 6 paneras
Bandujo: 13 hórreos, 12 paneras
Caranga: 10 hórreos, 7 paneras
Traspeña: 21 hórreos, 13 paneras

QUIRÓS
Censo MIT: 300 hórreos y 52 paneras.
Abarca la totalidad del término, sin distinguir el número que corresponde a cada parroquia.

REGUERAS, LAS
Censo MIT: 316 hórreos y 37 paneras.
Se incluyen todas las parroquias.
Parroquias:
Trasmonte: 71 hórreos, 6 paneras
Biedes: 52 hórreos, 10 paneras
Soto: 21 hórreos, 3 paneras
Santullano: 48 hórreos, 5 paneras
Valduno: 49 hórreos, 4 paneras
Valsera: 75 hórreos, 9 paneras

RIBADEDEVA
Censo MIT: 0.
Se refiere a todo el término municipal. No se incluyen hórreos ni paneras, ya que el único que se consigna es «de reciente instalación, ya que se trajo de otro lugar».

RIBADESELLA
Catastro del Marqués de la Ensenada: 415 (hórreos y paneras).
Censo del MEC: 77 hórreos, 23 paneras.
Antigüedad > 100 años: 76 hórreos y 23 paneras.
No incluye las parroquias de Junco, Linares, Moro y Ribadesella.
Se consignan cincuenta del siglo XVIII.

Parroquias:
Berbes: 11 hórreos, 1 panera
Leces: 24 hórreos, 9 paneras
Ucio: 10 hórreos, 1 panera
Santianes: 19 hórreos, 2 paneras
Collera: 13 hórreos, 10 paneras

RIBERA DE ARRIBA
Censo MEC: 148 hórreos y 54 paneras.
Antigüedad > 100 años: 142 hórreos y 47 paneras.
Incluye todas las parroquias.
Se precisa que dos hórreos son del siglo XVI, 43 unidades del XVII y 57 del XVIII.

Linares, Ribadesella.

Villalaz, San Martín del Rey Aurelio.

Salcedo, San Martín de Oscos.

Parroquias:
Ferreros: 59 hórreos, 19 paneras
Palomar: 27 hórreos, 9 paneras
Pereda: 10 hórreos, 4 paneras
Tellego: 29 hórreos, 12 paneras

RIOSA
Censo MIT: 98 hórreos y 19 paneras.
Abarca la totalidad del término, sin distinguir el número que corresponde a cada parroquia.
Respecto a la antigüedad, se dice que «excepto seis, los demás son todos de construcción de hace más de siglo y medio y aún de más edad».

SAN MARTÍN DE OSCOS
Sin clasificar.

SAN MARTÍN DEL REY AURELIO
Censo MIT: 142 hórreos y 27 paneras.
Se refiere a todas las parroquias pertenecientes al municipio.

SAN TIRSO DE ABRES
Sin clasificar.

SANTA ELULALIA DE OSCOS
Sin clasificar.

SANTO ADRIANO
Catastro del Marqués de la Ensenada: 136 hórreos y 21 paneras.
Censo MEC: 76 hórreos y 17 paneras.
Antigüedad > 100 años: 74 hórreos y 16 paneras.
Comprende la totalidad del término municipal.

Villanueva, Santo Adriano.

Parroquias:
Castañedo: 10 hórreos, 1 panera
Tuñón: 24 hórreos, 8 paneras
Lavares: 17 hórreos, 5 paneras
Villanueva: 25 hórreos, 3 paneras

SARIEGO
Censo MIT: 25 hórreos y 16 paneras.
Comprende todas las parroquias del término municipal.
Parroquias:
Narzana: 10 hórreos, 5 paneras
Sariegos: 9 hórreos, 6 paneras
Sariego: 6 hórreos, 5 paneras

SIERO
Sin clasificar.

SOBRESCOBIO
Censo MEC: 55 hórreos, 12 paneras.
Antigüedad > 100 años: 54 hórreos y 12 paneras.
Se detalla que existen cuatro hórreos del siglo XIV, cinco unidades del XV, otras cinco del XVI, veinte del XVII y once del XVIII.
Parroquias:
Oviñana: 45 hórreos, 10 paneras
Ladines: 10 hórreos, 2 paneras.

SOTO DEL BARCO
Catastro del Marqués de la Ensenada: 65 hórreos, 5 paneras.
Censo MIT: 201 hórreos, 44 paneras.
Incluye la totalidad de la demarcación municipal.

Villar de Vildas, Somiedo.

Parroquias:
La Arena: 2 hórreos
Ranón: 12 hórreos, 2 paneras
Foncubierta: 14 hórreos, 3 cubiertas
Soto del Barco: 65 hórreos, 1 panera
La Corrada: 48 hórreos, 26 paneras
Riberas: 60 hórreos, 12 paneras

TAPIA DE CASARIEGO
Catastro del Marqués de la Ensenada: 21 hórreos.
Censo MEC: 1 hórreo y 59 cabazos.
Antigüedad > 100 años: 1 hórreo y 59 cabazos.
Aporta datos de todo el término municipal.
Incluye un hórreo y el resto cabazos. Figuran todos con una antigüedad superior a cien años.
Cubiertas de pizarra .
Parroquias:
Serantes: 16 cabazos
Tapia: 7 cabazos
Campos/Salave: 31 cabazos
La Roda: 5 cabazos, 1 hórreo

TARAMUNDI
Censo MEC: 13 hórreos y 7 cabazos.
Antigüedad > 100 años: 13 hórreos y 4 cabazos.

TEVERGA
Catastro del Marqués de la Ensenada: 364 hórreos y 68 paneras.
Censo MIT: 212 hórreos y 53 paneras.
No se incluyen las parroquias de Alesga, Torce, Urria y Villamor.

Parroquias:
Taxa: 31 hórreos
Santianes: 42 hórreos, 2 paneras
Villanueva: 29 hórreos, 6 paneras
La Plaza: 30 hórreos, 19 paneras
Carrea: 16 hórreos, 9 paneras
Riello: 31 hórreos, 8 paneras
Barrio: 9 paneras
Focella: 8 hórreos
Páramo: 25 hórreos

TINEO
Sin clasificar.

Teixois, Taramundi.

San Martín de Vallés, Villaviciosa.

VALDÉS. Sin clasificar.

VEGADEO. Sin clasificar.

VILLANUEVA DE OSCOS
Censo MEC: 39 hórreos, 1 panera.
Antigüedad > 100 años: 39 hórreos y 1 panera.

VILLAVICIOSA
Catastro del Marqués de la Ensenada: 1.854 (hórreos y paneras).
Censo del MIT: 1.602 hórreos y 408 paneras.
Comprende la totalidad del término.
Parroquias:
Quintueles: 48 hórreos, 23 paneras
Quintes: 89 hórreos, 8 paneras
Villaverde: 50 hórreos, 3 paneras
Careñes: 30 hórreos, 10 paneras
Argüero: 95 hórreos, 25 paneras
Oles: 36 hórreos, 11 paneras
Tazones: 16 hórreos
Selorio: 70 hórreos, 40 paneras
La Llera: 18 hórreos, 12 paneras
Priesca: 35 hórreos, 6 paneras
Santa Eugenia: 18 hórreos, 2 paneras
Busto: 27 hórreos
Rales: 20 hórreos, 2 paneras
Arnín: 6 hórreos
Valles: 10 hórreos, 2 paneras
Sietes: 37 hórreos, 6 paneras
Breceña: 28 hórreos, 16 paneras
La Magdalena: 20 hórreos, 4 paneras
Miravalles: 53 hórreos, 11 paneras
Tornón: 26 hórreos, 6 paneras

En la página siguiente: **Paredes, Valdés.**

San Cristóbal, Villayón.

En la página siguiente: **Valdediós, Villaviciosa.**

Carda: 9 hórreos, 11 paneras
Fuentes: 20 hórreos
Coro: 27

VILLAYÓN
Sin clasificar.

YERNES Y TAMEZA
Censo MEC: 49 hórreos y 14 paneras.
Antigüedad > 100 años: 47 hórreos y 13 paneras.
Comprende la totalidad del ayuntamiento.
Se precisa la existencia de dos hórreos del siglo XIV, tres del XV, otros tres del XVI, cinco unidades del XVII y once del XVIII.
Todos se cubren con teja.
Parroquias:
Yernes: 16 hórreos, 6 paneras
Tameza: 33 hórreos, 8 paneras

Libros

ARAMBURU Y ZULOAGA, F. *Monografía de Asturias.* 1899.

BALBAS, L. *La vivienda popular en España.* Barcelona, 1946.

BELMUNT Y CANELLA. *Asturias.* Gijón, 1894-1900.

BERENGUER ALONSO, M. *Rutas de Asturias.* Oviedo, 1968.

CABAL, C. *Las costumbres asturianas. Su significación y sus orígenes.* Madrid, 1931.

– Covadonga. Madrid, 1918.

CARLE, W. *Los hórreos en el noroeste de la Península Ibérica.* Madrid, 1948.

CARO BAROJA, J. *Los pueblos del norte de la Península Ibérica. Análisis histórico cultural.* Madrid, 1943.

CARVALLO, L. A. *Las antigüedades y cosas memorables del Principado de Asturias.* 1695.

CATASTRO del Marqués de la Ensenada. 1752.

COBO ARIAS, F.; CORES RAMBAUD, M.; ZARRACINA VALCARCE, M. *Los hórreos asturianos. Tipología y decoración.* Consejería de Educación, Cultura y Deportes del Principado de Asturias. 1986.

DÍAS, J.; VEIGA DE OLIVEIRA, E.; GALHANO, F. «Espigueiros portugueses». En *Hórreos y palafitos de la Península Ibérica* (II parte) de E. Frankowski. Ed. Istmo, 1986.

FLORES, C. *Arquitectura popular española.* Ed. Aguilar, 1973. Reimp. 1986.

FRANKOWSKI, E. *Hórreos y palafitos de la Península Ibérica.* Madrid, 1918. Reimp. Ed. Istmo, 1986.

GADOW, H. *In northerm Spain.* Londres, 1897. Red.: *Por el norte de España.* Ed. Trea. Gijón, 1997.

GARCÍA FERNÁNDEZ, E. *Hórreos, paneras y cabazos asturianos.* Caja de Ahorros de Asturias. 1979.

GARCÍA MARTÍNEZ, A. «Etnografía», en *Somiedo parque natural.* VV. AA. Senda Editorial. Madrid, 1994.

GARCÍA MENÉNDEZ, A. *Quintueles. Una aldea marina asturiana.* IDEA. Oviedo, 1962.

GÓMEZ-TABANERA, J. M. «De la prehistoria del hórreo astur». *Boletín del IDEA,* n.º 80. Oviedo, 1973.

GRAÑA GARCÍA, A.; LÓPEZ ÁLVAREZ, J. «Dos nuevas vías para el estudio del hórreo asturiano: una hipótesis sobre sus orígenes y una clasificación de sus decoraciones». En *Hórreos y palafitos de la Península Ibérica* (II parte) de E. Frankowski. Ed. Istmo, 1986.

– *Hórreos y paneras del concejo de Allande (Asturias): evolución y motivos decorativos.* Oviedo. Biblioteca Popular Asturiana, 1983.

JOVELLANOS, G. M. *Diarios,* 1972. Ediciones del IDEA. Oviedo, 1953.

KRÜGER, F. «Las brañas. Contribución a la historia de las construcciones circulares en la zona galaico-astur-portuguesa». *BIDEA* n.º 7. Oviedo, 1949.

LASTRA VILLA, A. «Hórreos de Cantabria». En *Hórreos y palafitos de la Península Ibérica* (II parte) de E. Frankowski. Ed. Istmo, 1986.

LEIZCOLA, F. «Tipología y distribución de los hórreos navarros». En *Hórreos y palafitos de la Península Ibérica* (II parte) de E. Frankowski. Ed. Istmo, 1986.

LLANO Y ROZA DE AMPUDIA, A. *El libro de Caravia.* Oviedo, 1919. Reedición IDEA, 1982.

LÓPEZ SOLER, J. «Los hórreos gallegos». *Actas y memoria de la Sociedad Española de Antropología, Etnografía y Prehistoria,* vol. X, Madrid, 1931. Anexo en *Hórreos y palafitos de la Península Ibérica* (II parte) de E. Frankowski. Ed. Istmo, 1986.

MARTÍNEZ RODRÍGUEZ, I. «Tipos de hórreos del noroeste ibérico y su distribución geográfica». XXIV Congreso Luso Español para el progreso de la historia. Revista *Las Ciencias.* Año XXIV, n.º 1-2. Madrid, 1959.

NOLTE Y ARAMBURU, E. «El garaixe vixcaíno: estado actual de la cuestión». En *Hórreos y palafitos de la Península Ibérica* (II parte) de E. Frankowski. Ed. Istmo, 1986.

SOMOZA GARCÍA-SALA, J. *Historia general de Asturias,* 1908.